Grécia Antiga

Um guia para os Deuses gregos clássicos, Deusas, Deidades, Titãs e Heróis: Zeus, Poseidon, Apollo e Outros (Livro para Jovens Leitores e Estudantes)

Por Student Press Books

Tabela de conteúdo

Tabela de conteúdo 2

Introdução 5

Seu Presente 7

Mitologia Grega 8

Imortais 12

Deuses e Deusas Maiores 12
   Afrodite 12
   Apollo 15
   Ares 18
   Artemis 20
   Athena 22
   Demeter 24
   Dionísio 26
   Hades 28
   Hefesto 30
   Hera 32
   Hermes 34
   Héstia 37
   Poseidon 39
   Zeus 41

Titãs e Titãs 44
   Cronus 44
   Gaea 46
   Atlas 48
   Prometheus 50

Divindades do céu 52
   Phaëthon 52
   Urano 54
   Aeolus 56

Deidades quotônicas 57
   Erinyes (Fúrias) 57

Hecate.. 59
Minos.. 61
Persephone... 63

Gigantes e outros "Gigantes.. 65
Cicloscópios... 65
Typhon... 67

Divindades rústicas... 69
Aristaeus.. 69
Pan... 70

Divindades agrícolas... 72
Adonis.. 72

Divindades da saúde.. 74
Aesculápio (Asclepius).. 74

Outras divindades... 76
Charites (As Graças).. 76

Mortais.. **77**

Mortais desafiados.. 77
Achilles.. 77
Ganímedes... 80
Hercules... 81

Heróis... 84
Aeneas... 84
Ajax, o Grande 86
Daedalus.. 88
Jason.. 90
Odisseu.. 92
Orfeu.. 96
Perseu.. 99
Theseus.. 101

Mulheres notáveis... 103
Arachne 103
Cassandra 105
Helen 107
Medea... 109
Medusa... 111
Pandora 113
Polyxena 115

Reis.. 116

Agamemnon 116
Midas 118
Édipo..120
Sísifus..122

Seu Presente **124**

Livros **125**

Conclusão **130**

Introdução

Conheça os antigos deuses gregos - Mitologia voltada para as idades de 12 anos ou mais.

Bem-vindo à série Mitologia Cativante . Este livro apresenta a você os **deuses clássicos gregos, deusas, deidades, titãs** e outras criaturas mitológicas da Grécia antiga; apresenta os perfis dos deuses, deusas, semideuses, deidades, titãs e heróis mais comuns das antigas terras gregas.

Zeus, pai dos deuses e das deusas. Hermes, o mensageiro rápido de Zeus. Afrodite... Uma porta de entrada para o mundo da Mitologia Grega Antiga. Os deuses são uma divindade divina, que para muitos de nós é o derradeiro poder divino do mundo.

As histórias que conhecemos hoje vêm de escritores e artistas que viveram séculos atrás e muitas vezes contaram suas histórias com personagens estranhos e reviravoltas surpreendentes da trama. Este livro inclui algumas dessas curiosidades, enquanto se conhece todas as suas divindades favoritas. Hoje o mundo é um lugar diferente e este livro lhe falará em uma linguagem simples sobre os deuses, deusas, divindades, titãs da Grécia antiga. Os deuses são os seres mais poderosos da Antiguidade!

É uma tarefa assustadora aprender rapidamente sobre o complexo mundo dos antigos deuses e deusas gregos. Suas breves explicações são acompanhadas de ilustrações instigantes, simplificando a lembrança das pequenas trivialidades que seu professor lhe ensinou na aula!

Uma coisa é saber quem são as muitas divindades diferentes - mas compreender sua importância? Isso é algo completamente diferente. Mas este livro facilitará as coisas para você!

Este livro da série Mitologia Cativante **inclui:**

- Mitologia grega - Descubra as crenças dos antigos gregos sobre a morte, a vida após a morte, os sacrifícios, os templos e os imortais.

- Biografias fascinantes dos deuses gregos - Leia sobre esses deuses e deusas e seus poderes.
- Retratos vívidos - Traga estes deuses à vida em sua imaginação com a ajuda de imagens estimulantes.

Sobre a série: A série Mitologia Cativante dos **Editora Student Press Books** apresenta novas perspectivas sobre os deuses antigos que inspirarão os jovens leitores a encontrar seu lugar na sociedade ao aprender sobre a história.

Seu Presente

Você tem um livro em suas mãos.

Não é um livro qualquer, é um livro de livros para a imprensa estudantil!
Nós escrevemos sobre os heróis negros, a capacitação das mulheres,
mitologia, filosofia, história, e outros assuntos interessantes!

Desde que você comprou um livro, queremos que você tenha outro de
graça.

Tudo o que você precisa é um endereço de e-mail e a possibilidade de
assinar nossa newsletter (o que significa que você pode cancelar a
inscrição a qualquer momento).

Então, do que você está esperando? Inscreva-se hoje e reclame seu livro
gratuito imediatamente! Tudo o que você precisa fazer é visitar o link
abaixo e digitar seu endereço de e-mail. Você receberá o link para baixar a
versão em PDF do livro imediatamente para que possa ser lido offline a
qualquer momento.

E não se preocupe - não há taxas de captura ou escondidas; apenas um
bom brinde à moda antiga de nós aqui na Student Press Books.

Visite este link agora mesmo e inscreva-se para receber seu exemplar
gratuito de um de nossos livros!

Link: https://campsite.bio/studentpressbooks

Mitologia Grega

Este conjunto de histórias da Grécia antiga, inclui muitos contos sobre os deuses e a natureza do universo. As histórias contadas por poetas como Homero e Hesíodo formaram uma parte importante da visão do mundo religioso dos gregos da antiguidade. Entretanto, a mitologia e a religião gregas não são exatamente a mesma coisa. A religião grega consistia nas crenças e práticas religiosas, tais como orações e rituais, dos antigos gregos.

Os costumes religiosos da Grécia antiga variavam muito de um lugar para outro e entre as diferentes classes. Entretanto, a religião grega se caracterizava por dois traços: a crença em uma multidão de deuses humanos sob um deus supremo e a ausência de dogmas - coisas em que uma pessoa tem que acreditar para poder ser considerada piedosa. Em algumas religiões, existem certas crenças que devem ser mantidas para se ser um membro da fé. Na Grécia antiga, bastava acreditar que os deuses existiam e realizar os rituais e sacrifícios que os honravam. A religião não se baseava em um texto sagrado.

As origens da religião grega podem ser rastreadas até tempos muito remotos. O deus do céu Zeus, por exemplo, foi adorado já no segundo milênio bc. No entanto, a forma estabelecida da religião durou desde a época do poeta Homero (por volta do século IX ou VIII bc) até por volta do anúncio do século IV, quando a religião da Grécia começou a ser ofuscada pela da Roma imperial.

Quando os gregos tinham um grande número de postos avançados coloniais, sua religião se espalhou tão a oeste quanto a Espanha e tão a leste quanto o rio Indus do sul da Ásia. A religião grega teve uma vasta influência sobre a religião romana, e os romanos identificaram muitos de seus deuses com os gregos. Alguns heróis e divindades gregos também sobreviveram mais tarde como santos sob o cristianismo. Quando a arte e a literatura gregas foram redescobertas durante o Renascimento europeu, artistas e escritores ocidentais incorporaram a mitologia grega em suas obras. Assim, a religião da Grécia antiga teve um tremendo impacto sobre a cultura ocidental.

Os deuses gregos

Os antigos gregos tinham numerosos deuses que encarnavam ou controlavam várias forças naturais e sociais. Por exemplo, o deus Poseidon personificava o mar e governava sobre ele. Afrodite, a deusa do amor, podia encher seus adoradores de amor. Os reinos de outras divindades incluíam guerra, música, fogo, as estações do ano, justiça e parto, para citar apenas alguns.

Preeminente dentro do panteão grego era uma família de 12 deuses principais que se acreditava viverem no Monte Olimpo. Esses grandes deuses olímpicos eram Zeus, o deus supremo; Hera, sua esposa; e Afrodite, Apolo, Ares, Ártemis, Atena, Deméter, Hefesto, Hermes, Héstia e Poseidon. Outras divindades importantes, como Dionísio, também foram consideradas deuses olímpicos. A maioria das histórias contadas sobre esses deuses atribuem-lhes desejos e ações semelhantes aos humanos, embora fossem imortais e freqüentemente tivessem grandes poderes.

Havia também outros tipos de deuses. Enquanto os camponeses das comunidades rurais poderiam ter oferecido sacrifícios aos deuses olímpicos, muitos estavam na verdade mais ligados aos deuses rurais como Pan e às ninfas e espíritos da natureza. Outras divindades adoradas na Grécia antiga eram deuses quotônicos, ou deuses que controlavam o submundo, os mortos e a fertilidade da terra.

A morte e a vida após a morte

Na antiga crença grega, para que alguém que morresse tivesse uma vida após a morte, o corpo tinha que receber pelo menos um enterro rudimentar. O deus Hermes conduziu então os mortos para o submundo. O rio Styx, no entanto, impediu a passagem dos mortos. Eles foram transportados por um barqueiro, Charon, e moedas foram colocadas na boca dos cadáveres para pagar sua passagem. O submundo era freqüentemente chamado de Hades, porque era o reino do deus Hades.

Nos primeiros tempos, o além era considerado uma existência sem alegria e sombria, embora o submundo não fosse um lugar de punição para a maioria das pessoas. Somente alguns raros pecadores, como Ixion, Sísifo e Tantalus, que haviam ofendido os deuses pessoalmente, foram punidos ali. No entanto, apenas alguns poucos heróis a quem os deuses favoreceram foram autorizados a entrar no paraíso conhecido como

Elysium. Mais tarde, acreditou-se geralmente que qualquer pessoa que vivesse uma vida justa entraria no Elysium.

Sacrifícios na Grécia antiga

A principal maneira pela qual os antigos gregos tentavam estabelecer boas relações com os deuses era sacrificando animais (ou às vezes bens agrícolas). Sacrifícios eram oferecidos aos deuses olímpicos ao amanhecer em um altar, que normalmente ficava do lado de fora do templo. Um sacrifício representava um presente para os deuses, portanto os animais a serem sacrificados tinham que ser imaculados. Orações eram ditas, ritos eram realizados, e o animal era morto e colocado em um fogo. Certas partes eram queimadas e oferecidas aos deuses. O sacerdote e os adoradores comiam o restante da carne em uma refeição alegre. Diferentes animais foram oferecidos a várias deidades - por exemplo, vacas para Hera, touros para Zeus, e porcos para Demeter. Ofertas de produtos agrícolas como grãos, vegetais ou frutas foram feitas a alguns deuses.

Sacrifícios também foram feitos aos deuses quotônicos. Estes sacrifícios eram de animais negros e eram realizados à noite. Devido ao perigo inerente em torno dos deuses qutônicos, o animal inteiro foi oferecido no sacrifício e nenhum foi comido.

Qualquer indivíduo poderia fazer sacrifícios aos deuses em qualquer época do ano. Além disso, os sacrifícios públicos eram realizados regularmente em vários festivais para os diferentes deuses. Nos festivais, todos os cidadãos de uma cidade ou vila podiam adorar e sacrificar juntos. Eles freqüentemente apresentavam procissões e rituais, assim como lutas e competições atléticas simuladas.

Templos e Santuários na Grécia antiga

Em tempos muito primitivos, os deuses eram geralmente adorados em lugares naturais fantásticos, como bosques, cavernas e cumes de montanhas. Simples templos de madeira que abrigavam uma estátua de um deus eram conhecidos por volta da época de Homero. Mais tarde, os templos eram feitos de calcário e mármore e tinham colunas em todos os lados. Uma estátua do deus era colocada no interior.

Os santuários também estavam localizados nos muitos lugares de oráculos nos quais as pessoas consultavam um deus e faziam perguntas sobre o futuro. Em muitos deles, videntes especiais revelaram as respostas do deus. O santuário oráculo mais famoso era o que pertencia a Apolo em Delfos.

Santuários menos elaborados foram localizados nos túmulos de certos homens considerados heróis. Homero difundiu o conceito dos heróis, que eram os maiores dos guerreiros mortais. Acreditava-se que os heróis mortos poderiam ajudar os habitantes da cidade na qual estavam enterrados. Sacrifícios adequados aos deuses quotônicos eram oferecidos nos túmulos desses homens.

Muitas religiões secretas chamadas religiões misteriosas também se desenvolveram na Grécia antiga (e em outros lugares do antigo Mediterrâneo). Os ritos de tais religiões eram revelados apenas a seus membros, que tinham que ser iniciados na religião, muitas vezes em etapas. As religiões misteriosas ofereciam uma relação mais pessoal com o divino do que o culto estabelecido aos deuses olímpicos. Muitas delas prometiam a seus membros salvação pessoal e benefícios na vida após a morte. Também ofereciam um senso de comunidade: os membros se reuniam secretamente para participar de refeições, danças e cerimônias comuns, especialmente ritos de iniciação. As religiões misteriosas atingiram o auge de sua popularidade na Grécia nos primeiros três séculos de anúncio.

A religião misteriosa mais famosa foi os Mistérios Eleusianos, na cidade de Eleusis, a oeste de Atenas. As cerimônias Eleusinianas centraram-se na história de Demeter, a deusa dos grãos, e enfatizaram os paralelos entre o ciclo de crescimento dos grãos e o ciclo de vida dos humanos. Através dos Mistérios Dioníacos, o deus Dionísio era amplamente adorado em festivais que incluíam vinho, canto coral, atividade sexual e mímica. Acreditava-se que o movimento órfico era baseado em escritos sagrados do herói Orfeu sobre a purificação do pecado e recompensas e punições na vida após a morte. Ele exigia que seus membros permanecessem castos e renunciassem à carne e ao vinho.

Imortais

Deuses e Deusas Maiores

Afrodite
A deusa do amor, da beleza e da fertilidade

Os romanos identificaram Afrodite com sua deusa Vênus.

Afrodite era um dos 12 deuses principais que viviam no Monte Olimpo. Na Ilíada de Homero, Afrodite é considerada a filha de Zeus e Dione, um Titã. Outras histórias contam como ela brotou, crescida, da espuma do mar perto da ilha Cythera. (Afrodite é grego para "espuma").

De lá Zephyrus, o vento oeste, a levou suavemente sobre uma concha para Chipre. Lá os Horae (as Estações) a encontraram, a vestiram e a trouxeram aos deuses.

Cada deus - até mesmo o próprio Zeus - queria esta bela deusa como sua esposa. Algumas histórias relatam que Afrodite estava muito orgulhosa e as rejeitou a todas.

Para castigá-la, Zeus a fez casar com Hefesto, o deus coxo e feio da forja. Este artesão de boa índole construiu-lhe um esplêndido palácio no Chipre.

Afrodite tinha muitos amantes, incluindo Ares, o belo deus da guerra. Seus filhos com Ares eram Harmonia, os gêmeos guerreiros Fobos e Deimos, e Eros, o deus alado do amor.

Sempre ansiosa para ajudar os amantes em perigo, Afrodite foi igualmente rápida em punir aqueles que resistiram ao chamado do amor. Eros atirou flechas douradas nos corações daqueles que sua mãe queria unir em casamento. Afrodite também tinha uma cinta mágica que tornava seu portador irresistível, e às vezes ela a emprestava a outros.

Várias vezes ela zombou de Zeus e outros deuses fazendo-os se apaixonar por donzelas mortais. Por causa disso, Zeus decretou que ela deveria se apaixonar por Anchises, um pastor de Tróia. Dessa união nasceu Enéas, o ancestral mítico do povo romano.

Outro famoso mito envolvendo Afrodite fala do julgamento de Paris. Em uma festa de casamento, a deusa Eris (cujo nome significa "contenda") jogou para baixo uma maçã dourada inscrita "Para a mais bela". Três deusas - Hera, Athena e Afrodite - declararam ser a maior beleza e assim merecer a maçã.

Para resolver a questão, Zeus tinha Paris do juiz de Tróia, qual dos três era o mais belo. Todos os três tentaram suborná-lo com presentes: Hera com poder real, Atena com poder militar e Afrodite com o amor da mulher mais bela.

Paris concedeu a maçã a Afrodite. Em troca, ela o ajudou a conquistar a bela Helena para longe de seu marido, o rei de Esparta. Isto levou à eclosão da Guerra de Tróia.

Afrodite era adorada principalmente como a deusa do amor humano e da fertilidade. Ela também era amplamente venerada como uma deusa da natureza. Como ela vinha do mar, os marinheiros rezavam para que ela acalmasse o vento e as ondas. Os principais centros de sua adoração estavam em Chipre e Cythera.

Os poetas da Grécia antiga muitas vezes cantavam os louvores da deusa do amor. Escultores clássicos esculpiram inúmeras figuras dela. A estátua mais célebre de Afrodite nos tempos antigos era aquela esculpida por Praxiteles em Cnidus, na costa da Ásia Menor.

Questões de pesquisa

1. Qual era o instrumento favorito de Afrodite?
2. O que você diria que é a única coisa que se destaca sobre Afrodite e sua mitologia?
3. Quem é seu Deus grego favorito?

Apollo
O deus da luz, da juventude, da beleza, da poesia e da música

Feito um dos principais deuses de Roma pelo imperador Augusto. Apolo foi considerado principalmente um deus de cura pelos romanos, que começaram a adorá-lo durante uma epidemia em cerca de 431 a.C. Mais tarde ele foi feito um dos deuses principais de Roma pelo imperador Augusto. O imperador o considerava como sua divindade padroeira e mandou construir um templo magnífico em sua homenagem.

Apolo era um dos deuses mais reverenciados e influentes. Ele tinha numerosos papéis. No banquete realizado no Monte Olimpo, ele encantava os deuses com seu tocar na lira, um instrumento musical de harplike.

Apollo também era adorado como o guardião da saúde, das colheitas e
dos rebanhos e rebanhos de animais. Mais tarde, através da confusão
com Helios, ele passou a ser considerado o deus do sol.

Apolo era também o deus da profecia, e foi dito que ele revelaria o futuro
aos humanos através de seu oráculo em Delfos. Neste e em outros papéis,
ele estava associado ao temor e terror inspirado pelos deuses e à grande
distância entre eles e os humanos. Ele usou seu arco de prata e flechas
douradas para atingir seus alvos de longe.

Apollo comunicou a vontade de Zeus e presidiu o direito religioso e civil.
Ele também tornou as pessoas conscientes de sua culpa e as purificou
dela. Até mesmo os outros deuses foram chamados a temê-lo.

Apolo era o filho de Zeus e do Titã Leto e era o irmão gêmeo de Artemis.
Dizem que ele nasceu na ilha de Delos, no Mar Egeu.

Uma das primeiras ações do jovem Apolo foi a matança da serpente
mortal Python. Nenhum humano ousou se aproximar da besta, que vivia
nas encostas do Monte Parnassus, no centro da Grécia. Apolo usou seu
arco e flechas para matar Python.

O lugar onde Apolo matou a serpente foi renomeado Delfos, e ali o deus
estabeleceu o mais famoso de seus oráculos. Em Delfos, sua sacerdotisa
deu a conhecer o futuro àqueles que a consultaram. Sob a inspiração de
Apolo, ela deu orientação em assuntos de doença, guerra e paz, e a
construção de colônias. Para isso, ela entrou em transe, e as palavras e
sons que então proferia eram interpretados pelos sacerdotes.

Em memória de sua vitória sobre Python, acredita-se que Apolo tenha
iniciado os jogos Pythian, que eram realizados na Delphi a cada quatro
anos. Os vencedores das competições musicais e atléticas foram coroados
com coroas de folhas de louro, que foram associadas a Apolo por causa de
um mito sobre um de seus amores.

Quando Apolo perseguiu a ninfa casta Daphne, ela fugiu e rezou a seu pai,
um deus do rio, pedindo ajuda. Para salvá-la da Apolo, seu pai a
transformou em uma árvore de louro. Todos os loureiros foram depois
sagrados para Apolo. Muitos dos outros amores do deus também
terminaram em tragédia.

Quando Cassandra rejeitou seus avanços, ele a amaldiçoou para que ela fizesse profecias verdadeiras que ninguém acreditaria. Quando seu amante Coronis foi infiel a ele, ele mandou Artemis atirar e matá-la com uma flecha. Por Coronis, Apolo era o pai de Asclepius, o deus da medicina.

Apolo era tipicamente representado por artistas antigos como uma bela juventude com cabelos longos, muitas vezes amarrada com um nó acima da testa, coroada com uma coroa de louros e portando sua lira ou arco. A estátua mais famosa dele é o mirante Apollo, que é uma cópia romana de um original grego em bronze e está no Museu do Vaticano em Roma.

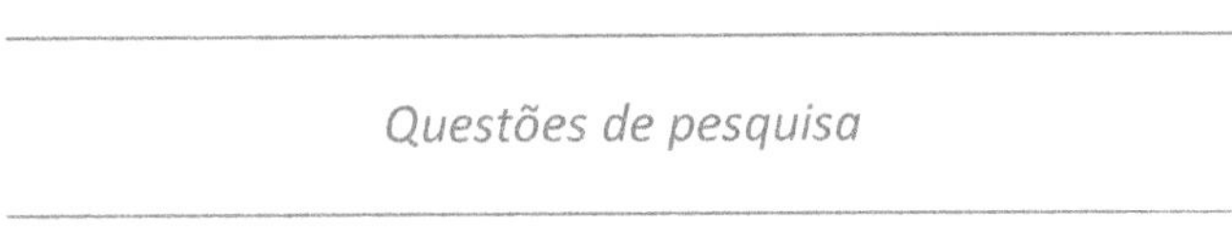

Questões de pesquisa

1. De quem você gosta mais, Apollo ou Hermes?
2. De que deus ou deusa você mais gostaria de ser amigo?
3. Se você pudesse mudar uma coisa sobre os deuses e deusas gregos, o que seria?

Ares
O deus da guerra

Ares foi associado com o deus romano Marte.

Ares era uma das 12 maiores divindades que viviam no Monte Olimpo. Ele era frequentemente retratado na arte como um guerreiro, carregando uma lança e usando um capacete e armadura. Ares representava os aspectos selvagens, sangrentos e destrutivos da batalha, em contraste com os aspectos mais civilizados da estratégia militar, habilidade e justiça representados pela deusa da guerra Atena.

Nunca foi um deus muito popular, Ares não era muito cultuado. De acordo com os poetas gregos de Homero em diante, ele não era muito apreciado pelos outros deuses, incluindo seus pais, Zeus e Hera. Ele era acompanhado em batalha por seus filhos Fobos (cujo nome significa "pânico") e Deimos ("rout") e sua irmã Eris ("briga").

Não há muitos mitos sobre Ares. Dizia-se que ele era forte fisicamente, feroz e bonito. Ele era o amante de Afrodite, a deusa do amor, que era casada com Hefesto, o deus coxo da forja. Um dia, Helios, o deus do sol que tudo vê, viu os dois amantes juntos e contou a Hefesto.

Para pegá-los, Hefesto criou uma rede invisível de correntes acima de sua cama. Quando Ares e Afrodite foram ludibriados na rede, o enfurecido Hefesto chamou os outros deuses, que riram do espetáculo.

Ares e Afrodite tiveram vários filhos: Fobos, Deimos, Harmonia e Eros, o deus do amor. Com outras deusas e mulheres mortais, ele teve muitos outros filhos, incluindo pelo menos três dos adversários do herói Heracles: Cycnus, Lycaon, e Diomedes da Trácia.

Questões de pesquisa

---

1. Você já foi parente de algum dos deuses?
2. Qual você acha que era a substância favorita deles na Terra?
3. Você acha que um dos deuses tinha um senso de humor louco?

Artemis
A deusa da caça e da vegetação e dos animais selvagens

Os antigos romanos a identificaram com sua deusa Diana.

Em estátuas e pinturas, Artemis era freqüentemente retratado com um veado ou um cão de caça e um arco e uma aljava de flechas. Dizia-se que ela dançava nas montanhas, nas florestas e nos pântanos, geralmente na companhia de seus acompanhantes, que eram ninfas. Artemis era a filha de Zeus e Leto, um Titã, e era a irmã gêmea de Apolo.

Como Leto deu à luz Artemis sem experimentar as dores do parto, Artemis era também uma padroeira das mulheres em trabalho de parto. Em alguns mitos posteriores, ela foi associada à Lua (enquanto seu irmão, Apolo, foi associado ao Sol). Ela era um dos 12 deuses principais que se dizia viver no Monte Olimpo.

Artemis era eternamente virgem, e ela exigia um alto preço de seus atendentes que quebravam seu voto de castidade. Alguns mitos relatam que, quando uma atendente chamada Callisto foi encontrada grávida por Zeus, Artemis a transformou em urso e começou a caçá-la.

Callisto foi salva apenas por Zeus a ter levado para o céu (ou, em algumas histórias, ela foi morta por Artemis). De qualquer forma, Callisto foi colocada no céu como uma constelação de estrelas, Ursa Maior, que é o latim para "Grande Urso". "

Uma história contada sobre Artemis que foi frequentemente retratada na arte e na poesia vem das Metamorfoses de Ovid. Neste conto, o jovem Actaeon viu acidentalmente Artemis enquanto ela tomava banho.

Artemis o transformou num veado, e seus próprios cães de caça o perseguiram e mataram. (Em outra versão, ele ofendeu Artemis, vangloriando-se de que sua habilidade como caçador superou a dela). A raiva de Artemis pode ser vista como uma metáfora da hostilidade da natureza selvagem aos humanos.

Artemis era uma deusa favorita entre as pessoas que viviam em áreas rurais. No Peloponeso, ela era adorada como uma deusa da vegetação; ali, donzelas representando ninfas das árvores (dryads) dançavam em adoração à caçadora virgem.

Também se dizia que Artemis governava lagos e outras águas, assistidas por ninfas aquáticas (naiadas). Fora do Peloponeso, Ártemis era mais freqüentemente chamada de Senhora dos Animais e era especialmente a protetora dos animais jovens.

1. Quem é seu deus menos favorito ou menos impressionante da Grécia, e por quê?
2. Que inteligência de deus é frequentemente negligenciada?
3. Quem foi o mais poderoso, na sua opinião?

Athena
A deusa da guerra, da sabedoria e do artesanato

Os romanos identificaram sua deusa Minerva com Athena.

Muitas vezes chamado Pallas Athena, ou simplesmente Pallas. Ela era um dos 12 deuses mais poderosos que governaram o Monte Olimpo.

De acordo com a mitologia, Athena era a criança favorita de Zeus. Dizia-se que ela tinha brotado de sua cabeça completamente crescida e vestida de armadura. A deusa era normalmente mostrada usando um capacete e carregando uma lança e um escudo.

Assim como seu pai, ela também usava a ágide mágica - uma couraça de pele de cabra, cercada de cobras, que produzia relâmpagos quando sacudida. Athena foi associada com a cobra e a coruja. Normalmente representada como uma deusa virgem, ela não tinha filhos.

Atena era muito diferente do deus da guerra Ares, que estava associado à fúria sem sentido e aos aspectos brutais da batalha. Deusa da razão e da guerra, ela representava o lado intelectual e civilizado da guerra - ela não era tanto uma combatente, mas uma sábia e prudente conselheira militar. Ela também era associada à justiça, à glória e à habilidade na batalha.

Athena era sábia não apenas nas artes da guerra, mas também nas artes da paz - as artes da civilização. Ela supostamente inventou o arado e ensinou os homens a jugo de bois.

Em contraste com Artemis, que era vista como uma deusa dos lugares selvagens e rurais, Athena era considerada como a protetora das cidades. Ela era a padroeira de Atenas, em particular. Dizia-se que Zeus havia decretado que a cidade deveria ser dada ao deus que oferecesse o presente mais útil ao povo.

Poseidon lhes deu uma mola salobra (ou, em alguns mitos, o cavalo). Athena atingiu a terra nua com sua lança e provocou a brotação de uma oliveira. O povo ficou tão encantado com a azeitona que Zeus deu a cidade a Atena e deu-lhe o nome dela. Atena é freqüentemente mostrada com um ramo de oliveira, um símbolo de paz e abundância.

Atena era amplamente adorada na Grécia antiga, e em muitas cidades gregas os templos eram dedicados a ela. Na colina da Acrópole, os atenienses construíram para ela um belo templo chamado Parthenon (de parthenos, que significa "virgem"). No templo estava a estátua de marfim e ouro chamada Athena Parthenos, da grande escultora grega Phidias.

Os atenienses realizaram seu festival mais importante, o Panathenaea, no dia considerado o aniversário da deusa. Foi celebrado por uma procissão, sacrifícios, recitações de poesia e competições atléticas e musicais.

---

1. Como era o Monte Olimpo?
2. Se você tivesse que escolher um deus ou deusa para jantar, com qual seria e por quê?
3. Quem você acha que é o deus grego mais superestimado?

Demeter
A deusa da agricultura

Os romanos identificaram sua deusa Ceres com Demeter.

Os grãos, especialmente, estavam associados a Demeter, mas ela também era a deusa mãe da vegetação em geral. Ela era adorada como uma deusa da fertilidade, do parto e também do casamento. Na arte, Demeter era freqüentemente retratada carregando feixes de grãos ou uma cesta cheia de grãos, frutas e flores.

Demeter era filha de Titans Cronus e Rhea e era irmã de Héstia, Hera, Hades, Poseidon e Zeus. Por Zeus, Deméter era a mãe de Perséfone.

O mito mais conhecido sobre Demeter diz respeito à perda de sua filha. Hades, o deus dos mortos, apreendeu Persephone e a levou para o submundo para ser sua esposa. Demeter procurou por sua filha desaparecida por nove dias antes de saber o que havia acontecido com Helios, o deus do sol. Em seu desespero e raiva, Demeter fez com que a terra se tornasse estéril, recusando-se a deixar qualquer colheita crescer enquanto sua filha estivesse fora. Disfarçada de velha, ela vagou pelo mundo, vivendo entre os humanos, por um ano.

Eventualmente, para salvar a humanidade da fome, Zeus liberou a Perséfone Hades e Demeter restaurou a fecundidade da terra. Entretanto, como Perséfone tinha comido comida - uma semente de romã no submundo, ela teve que voltar ao subsolo para viver com Hades por um terço de cada ano.

Diz-se que este mito explica a mudança das estações e o ciclo anual de crescimento das colheitas. O tempo de Perséfone a cada ano no submundo teria representado o inverno, quando a terra parece estéril. Ela teria voltado para sua mãe acima do solo a cada primavera, junto com o crescimento das flores da primavera.

Demeter era amplamente adorado na Grécia antiga, especialmente pelas mulheres. Várias cidades realizavam festivais agrícolas em sua homenagem. Ela também era adorada em uma religião misteriosa, ou uma que tinha ritos secretos conhecidos apenas por seus membros iniciados, na cidade de Eleusis.

Questões de pesquisa

---

1. Quais são os debates mais populares entre os seguidores dos deuses gregos?
2. Quando começou a crença nos deuses gregos?
3. As pessoas acreditam neles por diferentes razões? Em caso afirmativo, quais são algumas razões?

Dionísio
Deus do vinho, da vegetação, da umidade quente, dos prazeres e da civilização

Dionísio era o filho de Zeus e Semele, que era filha do rei de Tebas. A lenda diz que Semele foi consumida pelas chamas quando vislumbrou Zeus, sem disfarce, em seu esplendor divino. Zeus colocou seu filho por nascer em sua coxa. Quando chegou a hora do nascimento da criança, Zeus o atraiu novamente. Assim, Dionísio teve um nascimento duplo.

Em seus primeiros anos, o jovem deus era cuidado por um sátiro mais velho chamado Silenus. Dionísio aprendeu a fazer vinho e viajou por todo o mundo para dá-lo aos mortais. O deus desfrutou de muitas aventuras em suas viagens. Ele finalmente foi para as regiões infernais para encontrar sua mãe. Ele renomeou-a Thyone e a trouxe de volta ao Monte Olimpo, o lar dos deuses.

Dionísio foi representado em obras de arte como um belo jovem, coroado com folhas de videira ou hera e usando a pele de um fauno (um animal mitológico) sobre seus ombros. Seus festivais eram celebrados com procissões, danças e coros, dos quais cresciam o drama grego e o teatro grego.

---

1. Qual deus ou deusa grega você acha a mais interessante e por quê?
2. Hades e Persephone fariam um bom casal no céu ou esta é apenas mais uma má decisão de casamento?
3. O que você pensa sobre o submundo ardente do Hades, que foi feito para as almas más, com sua pena de prisão?

Hades
O deus do submundo, a morada subterrânea dos mortos

A contrapartida de Hades na mitologia romana era conhecida como Dis ou Plutão.

Hades presidiu o julgamento de todas as pessoas após a morte e a punição daqueles que foram encontrados iníquos. Severo, impiedoso e distante, foi dito que ele não se sentia amado (como a própria morte) pela oração ou pelo sacrifício. Pensou-se que não tinha sorte em dizer seu nome em voz alta, então os gregos o chamavam por outros nomes, como Plutão, que significa "o rico".

Hades recebeu este nome talvez por estar associado com os metais preciosos encontrados no subsolo e a fertilidade do solo, ou talvez por ter reunido todos os seres vivos em seu tesouro quando da sua morte. O próprio submundo veio a ser chamado de Hades. Mais tarde, em outras culturas, Hades se tornou outro termo para inferno. Hoje, o planeta anão Plutão é nomeado para o deus.

Hades ganhou seu reino depois que ele e seus irmãos derrubaram seu pai, Cronus, um Titã que havia sido o deus principal do mundo. A mãe de Hades era a Titã Rhea.

Os irmãos de Hades eram Zeus e Poseidon, e suas irmãs eram Hera, Demeter e Hestia. Após terem tomado o poder de Cronus, os três irmãos tiraram à sorte para dividir o domínio do mundo. Zeus ganhou o comando dos céus, Poseidon do mar, e Hades do submundo.

Foi raro para Plutão deixar seu reino sombrio. Sua visita mais famosa à Terra foi a vez em que ele carregou Perséfone contra a vontade dela para ser sua esposa. Demeter, que era a mãe de Perséfone e a deusa da agricultura, foi vencido com fúria e tristeza, e todas as colheitas do mundo deixaram de crescer.

Para salvar os humanos da fome, Zeus ordenou ao Hades que liberasse Persephone. Ela tinha comido uma semente de romã, no entanto, e ninguém que comesse comida no submundo tinha permissão de retornar inteiramente aos vivos. Por essa razão, Perséfone teve que viver com Hades como rainha do submundo por um terço de cada ano, mas podia voltar acima do solo para passar o resto do ano. O mito de Perséfone é uma das poucas histórias nas quais Hades tem um papel importante.

1. Você está interessado em ler algum dos mitos por trás desses deuses?
2. Na sua opinião, qual deus é seu favorito?
3. Descreva uma época em que você sentiu que estava em contato com um dos deuses gregos.

Hefesto
Deus do fogo e da metalurgia

Hefesto era ferreiro, e as fogueiras de vulcões eram suas oficinas. Hefesto era um dos 12 deuses principais que viviam no Monte Olimpo.

Ao contrário dos outros deuses olímpicos, porém, Hefesto era coxo e feio. Ele era casado com a bela Afrodite, a deusa do amor, embora ela fosse notoriamente infiel a ele com Ares, o deus da guerra. Na arte, Hefesto era frequentemente mostrado como um homem de meia-idade barbudo, usando um boné cônico de artesão e carregando um martelo e uma pinça, as ferramentas de seu ofício.

Hefesto era o filho de Hera e Zeus. Muitos mitos relatam que seus pais o expulsaram do céu (que estava localizado no Monte Olimpo) e que ele voltou mais tarde. Em uma história, ele nasceu coxo, e Hera o expulsou com repulsa ou vergonha. Em outra, Zeus o jogou no chão depois de uma briga familiar, e foi a queda que feriu suas pernas ou pés. De acordo com algumas versões, ele pousou na ilha de Lemnos e lá aprendeu a arte do trabalho do metal.

Em sua forja divina, Hefesto criou magníficos palácios e carruagens para os deuses e numerosos artefatos úteis e poderosos, incluindo relâmpagos para Zeus, flechas para Apolo e Ártemis, armadura para Aquiles e Heracles, e um colar maldito para punir Harmonia (o filho de Afrodite e Ares).

Hefesto também formou Pandora, a primeira mulher, a partir do barro. Para vingar-se de Hera por tê-lo expulsado, Hefesto construiu um trono dourado para ela como uma armadilha. Quando Hera se sentou no trono, ela foi amarrada rapidamente por correntes inquebráveis, que somente Hefesto soube desfazer.

Em algumas histórias, Zeus ofereceu Afrodite em casamento como prêmio a qualquer um que quisesse libertar Hera. Dionísio persuadiu Hefesto a retornar ao Monte Olimpo, libertar Hera e reivindicar Afrodite como sua noiva.

Hefesto era originalmente uma divindade da Ásia Menor e ilhas próximas, especialmente Lemnos. A adoração a ele mais tarde se espalhou por Atenas e Campania. O templo conhecido como Theseum em Atenas era dedicado a Hefesto.

Questões de pesquisa

---

1. Qual panteão do país você prefere fora da Grécia e Roma (se aplicável)? Por quê?
2. Você sabe sobre os deuses gregos e seus papéis significativos na Grécia Antiga?
3. Que mitos você associa a esses deuses gregos?

Hera
**Rainha dos céus e como protetora do casamento e da mulher |
Divindade do céu**

Os romanos identificaram sua deusa Juno com Hera.

Hera era irmã e esposa de Zeus e a rainha dos deuses. Devido a sua relação especial com as mulheres, ela era uma das mulheres de deusas chamadas durante o parto. (Artemis era outra).

Hera era filha de Cronus e Rhea, ambos pertencentes a um grupo mais antigo de deuses gregos conhecidos como os Titãs. Além de Zeus, seus irmãos eram Poseidon e Hades, e suas irmãs eram Héstia e Demeter.

Muitas histórias são contadas sobre Hera na literatura grega, e um grande número delas relaciona o ciúme de Hera sobre as atenções que Zeus pagou a outras fêmeas. Hera perseguiu e puniu suas rivais, sejam elas humanas ou divinas, e freqüentemente tentou eliminar as crianças nascidas de Zeus por essas rivais. Por exemplo, quando Heracles nasceu para Zeus e Alcmene, Hera enviou duas cobras para matar a criança em seu berço. Heracles sobreviveu, no entanto.

Hera foi responsável pela morte do amante de Zeus, Semele, que estava grávida de Dionísio na época. Zeus salvou Dionísio e o manteve em sua coxa até que ele estivesse pronto para nascer. Hera também perseguiu Leto, que estava grávida de Apolo e Artemis por Zeus, forçando-a a vagar pelo mundo inteiro em busca de um lugar seguro para dar à luz.

Os filhos de Hera eram Ares (o deus da guerra), Hefesto (o deus do fogo e o ferreiro divino), e Hebe (a deusa da juventude e o copeiro dos deuses do Monte Olimpo). Eileithyia (a deusa do parto) era às vezes também considerada uma criança de Hera. Em alguns mitos, Zeus era o pai dos filhos de Hera.

Vários animais foram associados a Hera. O cuco foi identificado com ela, e diz-se que Zeus tomou a forma daquele pássaro quando ele a cortejou pela primeira vez. Os pavões puxaram sua carruagem e as vacas também eram sagradas para ela. Hera era muitas vezes referida como "olho de vaca" em textos antigos. O significado desta frase se perdeu, mas talvez se destinasse a transmitir "olhos grandes".

Muitas obras de arte notáveis retratam Hera. Talvez a mais famosa dos tempos antigos era uma estátua em Argos feita de ouro e marfim que a mostrava sentada em um trono. Ela foi esculpida por Policlitus. Hera era tipicamente representada na arte clássica como uma jovem mulher casada, severa e majestosa.

Hera era venerada em toda a Grécia antiga. Entre os muitos templos dedicados a ela estavam os de Argos, Olympia, Micenas, Esparta e a ilha de Samos, ou perto dela. Hera era a deusa padroeira de Argos e Samos, ambos realizavam celebrações e procissões em sua homenagem.

1. Como seria viver com Zeus, Hera, Poseidon, etc.?
2. Como você se sente em relação a Hera como esposa de Zeus?
3. Você poderia acreditar em deuses gregos?

Hermes
Deus com numerosos papéis e o mensageiro dos deuses

Seu homólogo na mitologia romana era Mercúrio.

Hermes é um dos 12 deuses principais que viveram no Monte Olimpo. Ele tinha numerosos papéis, muitos dos quais estavam associados ao cruzamento de fronteiras, ao ganho ou à trapaça. Um de seus deveres era conduzir os mortos para o submundo. Ele era também o deus dos sonhos, das portas, das estradas e o protetor dos viajantes.

Os pilares encimados por sua imagem foram usados como marcadores de limite ao longo das estradas. Hermes era também um deus da fertilidade e o protetor do gado bovino e ovino, que eram mercadorias valiosas. Ele era o deus da eloqüência, da boa sorte e do comércio, assim como da astúcia, fraude e roubo.

Hermes era filho de Zeus e Maia, filha de Atlas. Dizia-se que ele tinha sido um esquema sutil desde o início. Quando tinha apenas algumas horas de idade, ele escapou de seu berço e saiu em busca de aventuras. Ele esticou cordas através de uma casca de tartaruga, inventando a lira, um instrumento musical de cordas.

Nessa noite Hermes roubou 50 vacas de um rebanho de Apollo, que era seu meio-irmão mais velho. Para esconder a escritura, Hermes usou muitos truques inteligentes, tais como fazer as vacas andarem para trás para que seus rastros apontassem para o caminho errado. Ele então voltou para seu berço para parecer uma criança indefesa.

Quando Apolo descobriu o que havia acontecido, Hermes o encantou tocando na lira, e Apolo permitiu que ele ficasse impune em troca do instrumento. Apolo então deu a Hermes um bastão de ouro, que mais tarde ele carregou em seu papel de mensageiro. Apolo também o ensinou a usar seixos para fazer profecias.

Este mito conta como Hermes passou a ser associado à Apollo, bem como a alguns dos atributos da Apollo: adivinhação, música e rebanhos de animais. Entre os muitos filhos de Hermes estavam Pan, um deus da fertilidade dos rebanhos e lugares selvagens, e Daphnis, o lendário herói dos pastores da Sicília. Na religião grega, Hermes era provavelmente adorado originalmente na Arcádia, uma região pastoral.

Um mensageiro rápido, Hermes era frequentemente representado na arte como um jovem esbelto usando sandálias com asas e um chapéu de viajante de aba larga enfeitado com duas pequenas asas. Ele também era mostrado segurando seu pessoal, que era o atributo tradicional dos arautos, ou mensageiros. Foi representado primeiro como uma vara decorada com fitas e depois como uma vara com um par de asas e duas cobras entrelaçadas.

O pessoal é freqüentemente chamado por seu nome latino, caduceus. Devido a sua semelhança com o bastão de Asclepius, o deus grego da medicina, o caduceus foi adotado nos tempos modernos como um símbolo dos médicos. O bastão de Asclepius tinha apenas uma serpente, no entanto.

1. Qual é o papel de Hermes no panteão grego?
2. A barba de Zeus tinha mais de cem troncos, mas seu filho Hermes não tinha um só; por que isso?
3. Qual é a qualidade de seu deus grego favorito e por quê?

Héstia
Deusa do coração, do lar, e da família

Héstia está associada com a deusa romana Vesta.

Héstia é um dos 12 deuses principais que viveram no Monte Olimpo. Héstia nasceu para os Titãs Cronus e Rhea e foi irmã de Demeter, Hera, Hades, Poseidon e Zeus. Em certo momento, tanto Poseidon quanto Apolo perseguiram Héstia como pretendentes.

Héstia temia que a discórdia se instalasse no Olimpo caso ela escolhesse casar com um em detrimento do outro. Para garantir a paz, Héstia jurou permanecer virgem para sempre, e em agradecimento Zeus lhe deu a honra de presidir a todos os sacrifícios.

Devido à importância da Héstia para o lar e a família, foi feita uma oferta para ela no início e no final de cada refeição e todas as crianças recémnascidas foram levadas ao redor do lar antes de serem aceitas na família. Além da adoração de Héstia nos lares gregos, muitas cidades-estado na

Grécia tinham um lar cívico na prefeitura que mantinha um fogo sagrado aceso para ela.

1. Com quem você menos gostaria de estar por um dia no Olimpíadas?
2. Qual foi a única coisa que o incomodou na Grécia antiga?
3. Qual foi a coisa mais estranha que um deus grego fez?

Poseidon
Deus do mar, da água e dos terremotos

Os romanos identificaram seu deus Netuno com Poseidon.

Poseidon é imprevisível e muitas vezes violento. Ele freqüentemente representava o poder destrutivo do mar. Ele também estava intimamente associado aos cavalos. Na arte, Poseidon era normalmente mostrado como um homem barbudo carregando um tridente (uma lança de pesca de três pontas) e acompanhado por um golfinho ou um atum.

Poseidon viajou sobre o mar em uma carruagem puxada por criaturas que tinham a cabeça e o corpo de cavalos e a cauda de peixes. Poseidon era um dos 12 deuses principais que viviam no Monte Olimpo.

Poseidon era um dos filhos dos Titãs Cronus e Rhea e irmão de Zeus, Hades, Hera, Demeter e Héstia. Cronus era o deus principal, mas seus filhos o derrubaram. Zeus, Hades e Poseidon então dividiram a regra do mundo através de sorteios. Zeus ganhou o controle dos céus e se tornou o deus principal, enquanto Hades se tornou o deus do submundo. O governo do mar caiu para Poseidon.

Poseidon acalmaria ou guiaria as ondas para as pessoas que ele favorecesse, protegendo-as e acelerando seu caminho durante as viagens no mar. Muitas vezes vingativo e rápido na ira, ele também enviava poderosas tempestades marítimas e criaturas marinhas para punir aqueles que atraíam sua ira.

Um mito diz que ele ajudou a construir as muralhas para proteger a cidade de Tróia, mas o rei de Tróia, Laomedon, recusou-se a pagar-lhe a taxa acordada. Poseidon então enviou um monstro marinho para aterrorizar Tróia, e na Guerra de Tróia ele tomou o partido da Grécia contra Tróia. Mais tarde, Poseidon perseguiu incessantemente o herói grego Odisseu por cegar seu filho Polifemo.

Poseidon foi pai de numerosos filhos por sua esposa, a ninfa do mar Amphitrite, e por seus muitos amantes. Muitos de seus filhos, incluindo Polifemo, Orion e Antaeus, eram gigantes ou criaturas selvagens que herdaram seu temperamento violento. Por Medusa ele foi pai do divino cavalo alado Pégaso, e por Demeter, o divino cavalo Arion.

O principal festival realizado em homenagem a Poseidon foi o Isthmian Games. O festival incluiu competições atléticas e musicais e foi realizado perto do Istmo de Corinto.

---

1. Como você acha que o Poseidon deve ser retratado nos dias de hoje (de forma diferente)?
2. Se você pudesse resolver o problema final deles escolhendo um item de cada um de seus domínios, quais você escolheria para Zeus, Hades, Poseidon, respectivamente?
3. Se você pudesse ser qualquer deus grego por um dia, quem seria e por quê?

Zeus

Rei dos deuses e governante do Monte Olimpo | Divindade do céu

Os romanos identificaram seu deus principal, Júpiter,
com Zeus.

Zeus é o maior dos deuses da antiga religião e mitologia grega. Ele era freqüentemente chamado de "pai dos deuses e dos homens", o que significava que ele era o principal governante e protetor deles. Ele era o protetor dos reis em particular, o defensor da lei e da ordem, e o vingador de juramentos quebrados e outras ofensas.

Zeus vigiava o estado e a família e os hóspedes e viajantes. Sua mão empunhava raios e guiava as estrelas; ele controlava os ventos e as nuvens; e ele regulava todo o curso da natureza. Zeus, com os outros deuses no Monte Olimpo, governava os assuntos da humanidade.

De acordo com histórias antigas, antes de Zeus chegar ao poder, os Titãs governavam o universo. Zeus era o filho de dois Titãs: Cronus, que era então o deus governante, e Rhea, sua esposa.

Seus outros filhos - os irmãos de Zeus - eram Héstia, Demeter, Hera, Hades e Poseidon. Antes do nascimento de Zeus, uma profecia avisou Cronus que um de seus filhos o derrubaria, então ele os engoliu a todos. Quando Zeus nasceu, porém, Rhea o escondeu em uma caverna em Creta e deu a Cronus uma pedra embrulhada como uma criança para engolir em seu lugar.

Mais tarde, quando Zeus cresceu, ele voltou e forçou seu pai a vomitar em seus irmãos. Zeus então liderou uma longa guerra contra Cronus e os outros Titãs, eventualmente os derrubando. Ele também resistiu aos ataques dos gigantes e às conspirações dos outros deuses contra ele.

Depois de tomar o poder, Zeus e seus dois irmãos tiraram à sorte para dividir a regra do mundo. Zeus recebeu o império do céu e do ar; Hades recebeu o das regiões infernais; e Poseidon, o do mar. A Terra foi deixada sob o poder conjunto dos três.

A esposa de Zeus era Hera, rainha dos deuses. Ele era frequentemente infiel a ela, tanto com deusas como com mulheres humanas. Os assuntos de Zeus enfureciam Hera. Para fazer suas conquistas, ele às vezes assumiu a forma de um animal - aparecendo como um touro, por exemplo, ao raptar Europa, e como um cisne ao arrebatar Leda.

Zeus teve numerosos filhos, incluindo Ares e Hefesto, de Hera; Apolo e Artemis, de Leto; Hermes, da Maia; Perséfone, de Demeter; Dionísio, de Semele; Helena e Polideus (Pollux), de Leda; Heracles, de Alcmene; e Perseus, de Danaë.

Zeus foi o único pai de Athena, que brotou de sua testa totalmente crescida. Zeus foi também o pai das Musas, as Graças e, por alguns relatos, Afrodite.

Muitas das histórias de casos de amor e casamentos dos deuses gregos podem parecer estranhas agora, mas alguns estudiosos da religião acreditam que eles eram freqüentemente uma forma de incorporar deuses estrangeiros de áreas recém-adquiridas pela Grécia no panteão dos deuses gregos. Muitas vezes, a progênie de Zeus e uma mulher mortal tornou-se o lendário fundador de uma cidade famosa na Grécia antiga, permitindo que aqueles que viviam na cidade reivindicassem um antepassado divino.

Na arte Zeus era tipicamente retratado como um homem digno, maduro e com barba. Um deus do tempo e do céu, ele era freqüentemente mostrado atirando relâmpagos, que eram sua arma tradicional, e acompanhado por uma águia.

Como o deus mais elevado, Zeus foi adorado em toda a Grécia. Muitos de seus santuários estavam localizados no topo das montanhas ou em casas particulares. Entre os principais templos para ele estava o grande Templo de Zeus em Olympia.

Era o local dos antigos Jogos Olímpicos, que eram realizados em honra de Zeus. Esse templo também continha uma estátua de Zeus de Phidias, considerada uma das sete maravilhas do mundo antigo. A figura, que foi criada em cerca de 430 bc, tinha cerca de 12 metros de altura e era feita de marfim e ouro.

Questões de pesquisa

---

1. Que tipo de Deus é Zeus?
2. Você é fã de Zeus ou Hera, e por que é isso?
3. Quais são suas idéias sobre a origem de Zeus?

Titãs e Titãs

Cronus

Deus das colheitas | Deidade Chthonic

Cronus foi mais tarde identificado com o deus romano Saturno.

Cronus foi o deus que governou antes de Zeus. Ele era o mais novo dos Titãs originais, um grupo de 12 crianças nascidas de Urano (os Céus) e Gaea (a Terra).

Urano odiava os Titãs, e os aprisionava dentro do corpo de Gaea (ou seja, dentro da Terra). Com uma foice (uma lâmina de longa curvatura) fornecida por Gaea, Cronus castrou Urano e assim separou o Céu da Terra. Cronus libertou os Titãs e se tornou seu rei. Seu poder usurpado, Urano previu que Cronus, também, seria derrubado por um de seus filhos um dia.

Com sua irmã Rhea, outra Titã, Cronus teve muitos filhos, incluindo as deusas Héstia, Demeter e Hera e os deuses Hades e Poseidon. Para evitar que a profecia de seu pai se tornasse realidade, Cronus engoliu todos os seus descendentes ao nascer. Quando Zeus nasceu, porém, Rhea o escondeu em Creta e convenceu Cronus a engolir uma pedra embrulhada em roupas de esfregão.

Depois que Zeus cresceu, ele resgatou seus irmãos forçando Cronus a vomitá-los. Zeus e seus irmãos se rebelaram, lutando uma longa guerra contra Cronus e a maioria dos Titãs e eventualmente os derrubou. Segundo alguns mitos, Cronus foi enviado ao Tártaro, a região mais profunda do submundo, onde os deuses prenderam seus inimigos. Em outras versões da história, ele permaneceu rei da Idade de Ouro.

Cronus não era amplamente adorado como um deus na antiga religião grega, embora provavelmente tenha sido adorado por pessoas antes deles. Ele era associado à agricultura e retratado como segurando uma foice ou uma espada curva.

Questões de pesquisa

---

1. Qual deus você acha que tem o melhor backstory?
2. Que olimpista você adoraria se eles tivessem poder absoluto sobre nós?
3. Se você pudesse dar um presente a um deus grego, a quem seria, e que presente você lhes daria?

Gaea

Gaea, ou Ge, é a personificação da Terra como uma deusa

De acordo com certos mitos de criação, Gaea surgiu do Caos ou de Nyx (Noite). O primeiro filho que ela teve foi Urano (os Céus); ela também se tornou sua esposa.

Urano e Gaea produziram muitas crianças, incluindo os Cíclopes e os Titãs. Urano odiava algumas das crianças nascidas para esta união. Ele jogou os Cíclopes no submundo por sua desobediência e escondeu os Titãs em Gaea (ou seja, na Terra) imediatamente após seu nascimento.

Gaea ficou indignada com esse tratamento de seus filhos e encorajou um dos Titãs, Cronus, a se rebelar. Com uma foice (lâmina longa e curva) que ela lhe deu, Cronus castrou seu pai, separando assim a Terra do Céu. O sangue que então caiu sobre Gaea produziu as Fúrias, os Gigantes (Gigantes), e as Meliáe (ninfas dos freixos). Alguns estudiosos da religião acreditam que Gaea era uma deusa feminina adorada na Grécia antes da introdução do culto de Zeus.

---

1. Quem é seu deus favorito dos antigos gregos e por quê?
2. Quando você usaria esse poder particular de Deus?
3. Você acha que os mitos greco-romanos têm alguma verdade neles?

Atlas
O deus Titã que carregou o céu no alto

Atlas era o filho do Titan Iapetus e da ninfa Clymene. O mito mais comum sobre o Atlas, contado pelos poetas Homero e Hesíodo, relata que o Atlas sustentava os pilares que mantinham o Céu e a Terra separados.

Segundo Hesíodo, este trabalho incessante foi uma punição que Zeus havia dado à Atlas por estar do lado dos Titãs na guerra contra Zeus. Em obras de arte, Atlas é freqüentemente representado como carregando o céu ou um globo em seus ombros.

O poeta Ovid conta a história de que o herói Heracles (Hércules na mitologia romana antiga) visitou a Atlas para obter ajuda com um de seus 12 trabalhos. Heracles foi buscar as maçãs douradas guardadas no fim do mundo pelas Hespérides, que eram filhas de Atlas.

Atlas concordou que ele iria buscar as maçãs se Heracles segurasse o céu enquanto ele estivesse fora. Atlas voltou com as maçãs, mas não quis retirar seu fardo. Mas Heracles enganou o Atlas para retomar sua tarefa.

Um mito alternativo dizia que Atlas era um rei na África que foi transformado em uma montanha pelo herói Perseu. Nessa história,

Perseu mostrou a Atlas a cabeça da Gorgon Medusa (que transformou os
homens em pedra) como uma retribuição pela inhospitalidade de Atlas.
Uma série de cadeias de montanhas no norte da África são chamadas de
Montanhas Atlas.

---

1. O que você acha da Atlas carregando o mundo em seus ombros?
2. Você acha que a Atlas merece mais reconhecimento?

Prometheus
Deus do fogo

Prometheus era um dos Titãs, e o maior trapaceiro. Seu lado intelectual foi enfatizado pelo significado aparente de seu nome, Foresight. Na crença comum, ele se tornou um mestre artesão e, neste contexto, ele foi associado ao fogo e à criação do homem.

O poeta grego Hesíodo relatou duas lendas sobre Prometeu. A primeira é que Zeus, que tinha sido enganado por Prometeu para aceitar os ossos e a gordura do sacrifício em vez da carne, escondeu o fogo dos mortais.

Prometheus, entretanto, roubou-o e o devolveu à Terra. Como preço do fogo, e como punição geral para os mortais, Zeus criou a mulher Pandora e a mandou para Epimeteus (Hindsight), que se casou com ela apesar das advertências de seu irmão Prometeu.

Pandora tirou a grande tampa do frasco que carregava, e os males, o trabalho duro e a doença voaram para os mortais da peste. Somente a esperança permaneceu dentro de seu frasco. Hesíodo conta em sua segunda lenda que Zeus castigou Prometeu acorrentando-o a uma pedra e enviando uma águia para comer seu fígado imortal, que se reabastecia constantemente.

O tratamento literário da lenda de Prometeu continuou com Prometheus Bound by Aeschylus. O dramaturgo grego fez de Prometeu não apenas o portador do fogo para os humanos, mas também seu preservador, dando-lhes todas as artes e ciências, assim como os meios de sobrevivência.

Prometheus provou ser, para idades posteriores, uma figura arquetípica de desafio contra o poder tirânico. Prometeu em seus muitos aspectos tem sido a inspiração para muitos outros escritores, incluindo Lucian, Giovanni Boccaccio, Pedro Calderón de la Barca, J.W. von Goethe, Johann Gottfried von Herder, Percy Bysshe Shelley, e Ramón Pérez de Ayala.

Questões de pesquisa

1. Você prefere os deuses gregos a outros panteões como o nórdico e o celta?
2. Se houvesse uma festa temática olímpica na escola, você iria e quem iria como?
3. O que muitos deuses gregos têm em comum?

Divindades do céu

Phaëthon
Divindade do céu

Phaëthon é o filho de Helios, o deus-sol grego, e a ninfa Clymene. Phaëthon visitou o palácio do sol e perguntou a Helios se ele era de fato seu pai.

Helios respondeu que sim, e como prova Helios jurou junto ao rio sagrado Styx que concederia a seu filho tudo o que pedisse. Phaëthon exigiu que lhe fosse permitido conduzir a carruagem do sol através dos céus.

Ele começou com ousadia em sua jornada. Muito cedo, no entanto, ele perdeu o controle dos cavalos ardentes do sol. De cabeça erguida do seu percurso, eles puxaram o sol tão baixo que os topos das montanhas foram queimados. Finalmente, até mesmo as árvores, a grama e os grãos dos campos foram queimados.

Quando Zeus viu que a Terra estava prestes a ser destruída, lançou um relâmpago em Phaëthon, que caiu na Terra. Seu nome passou para o inglês como phaeton, o nome de um veículo de quatro rodas, puxado por cavalos e mais tarde um automóvel.

1. Quais são seus pensamentos sobre como os deuses gregos refletem sua sociedade?
2. Você tem uma lenda grega favorita?
3. Se você fosse um deus grego, qual seria sua divindade?

Urano

A personificação dos céus ou do céu | Deidade Primordial

No início de um dos antigos mitos da criação grega, Gaea, ou Mãe Terra, surgiu do caos, um estado primitivo e desordenado. Gaea produziu então Urano, as Montanhas e o Mar. A posterior união de Gaea com Urano resultou em vários grupos de descendentes, incluindo os Cíclopes e os Titãs.

Urano, ou Ourano, não gostava dos Titãs e os escondia no corpo de Gaea (a Terra). Ela apelou para as crianças, e uma delas - Cronus - castigou seu pai com uma foice. Do sangue que caiu de Urano para Gaea nasceram as ninfas, os Gigantes e as Fúrias.

As Fúrias eram deusas da vingança que perseguiam e puniam os culpados de assassinato, especialmente os culpados de matar seu pai ou sua mãe. Os genitais cortados de Urano flutuavam no mar, formando uma espuma que produzia a deusa do amor, Afrodite.

Ao castrar seu pai, Cronus separou o Céu da Terra. Urano previu que Cronus também seria derrubado por um de seus filhos, como aconteceu quando Zeus derrotou Cronus mais tarde. Em algumas versões da história, Urano morre depois que se retira da Terra.

1. O que você quer saber sobre os deuses gregos?
2. Que partes de nossos dias modernos os gregos inventaram?
3. Quem são os deuses gregos menos populares?

Aeolus
Divino guardião dos ventos e rei da mítica ilha flutuante de Aiolia (Aeolia)

Rei da Magnésia na Tessália; sua filha Canace e seu filho Macareus cometeram incesto e depois tiraram suas próprias vidas. A história deles forneceu o tema do trabalho perdido de Eurípedes "Aeolus". Aeolus deu seu nome a Aeolis, um território na costa ocidental da Ásia Menor (na Turquia atual).

---

1. Que caráter mitológico você acha que é mais atraente baseado em sua personalidade ou talentos?
2. Existe um deus ou deusa de que você gosta mais do que os outros e por que você acha que sim?
3. Quais são alguns fatos engraçados sobre os deuses gregos?

Deidades quotônicas

Erinyes (Fúrias)
Deusas da retribuição

As Fúrias eram deusas que representavam a vingança. Elas perseguiam e puniam os ímpios, especialmente os culpados de assassinato. Segundo o poeta Hesíodo, as Fúrias nasceram quando o Titan Cronus castrou seu pai, Urano, a personificação dos céus.

O sangue que caiu sobre a mãe de Cronus, Gaea, ou Mãe Terra, produziu vários conjuntos de descendência, incluindo as Fúrias. Outros autores falavam deles como as filhas de Nyx (Noite) ou de Erebos (Escuridão).

As Fúrias podem ter se originado na religião grega como divindades locais que eventualmente se tornaram o foco de um culto maior, ou talvez desde cedo foram pensadas como os fantasmas dos mortos assassinados ou como a personificação das maldições impostas aos assassinos. Foram os Eurípedes dramatúrgicos que os numeraram pela primeira vez como três.

Mais tarde lhes foram dados os nomes Alecto (Incessante na ira), Tisifone (Vingador do assassinato), e Megaera (Ciumento). Eles viveram no submundo e ascenderam à Terra para perseguir e atormentar os ímpios. Eles são retratados como tendo cobras para o cabelo e como chorando sangue humano.

O nome das Fúrias vem da palavra latina Furiae. Seu nome grego era Erinyes. Como os gregos temiam falar seu nome, porém, às vezes chamavam essas deusas pelo nome eufemístico de Eumenides (Eumenidas).

A mais conhecida das histórias sobre as Fúrias vem do Oresteia, uma série de três peças de Ésquilo sobre uma família pertencente à casa de Atreus. No enredo da segunda peça, Choephoroi (Libation-bearers), o personagem Orestes se encontra em uma situação difícil. Sua mãe, Clytemnestra, havia matado seu pai, Agamémnon. Orestes foi obrigado a vingar a morte de seu pai, o que ele fez matando Clytemnestra.

Mas matar a mãe de alguém foi um grande pecado na sociedade grega. Na terceira peça, Eumenides, as Fúrias assombram e perseguem Orestes para puni-lo por ter assassinado sua mãe. No final da peça, a deusa Atena intervém em nome de Orestes, perdoando-o e exigindo que as Fúrias não persigam mais as pessoas por vingança.

Em troca, Atena promete que as deusas serão poderosas e veneradas pelos humanos. Muitas de nossas concepções sobre as Fúrias vêm da versão de Ésquilo de sua história e de peças de Eurípides e Sófocles.

---

1. Qual é sua história favorita de mito/ herói envolvendo deuses gregos e por quê?
2. Por que você gosta de estudar diferentes crenças e culturas religiosas?
3. Qual é a melhor maneira de educar as crianças sobre esses deuses e suas histórias, você acha?

Hecate
Deusa das trevas e da bruxaria

Hecate foi aceita em uma data inicial na religião grega, mas provavelmente era originalmente uma deusa dos Carianos do sudoeste da Ásia Menor.

Nos escritos de Hesíodo, Hécate é filha do Titan Perses e da ninfa Asteria. Hesíodo representou Hécate como tendo poder sobre o céu, a terra e o mar; por isso, ela confere riqueza e todas as bênçãos da vida diária.

Hecate era a deusa chefe que presidia a magia e os feitiços. Ela testemunhou o sequestro da filha de Demeter Persephone para o submundo. Tocha na mão, Hécate ajudou na busca de Perséfone.

Assim, na Grécia antiga, os pilares chamados Hecataea estavam na encruzilhada e nas portas, talvez para manter afastados os maus espíritos. Na arte grega, o Hecataea era frequentemente mostrado usando um longo manto e segurando tochas em chamas.

Em representações posteriores, ela foi triplamente formada, com três corpos de pé atrás, provavelmente para que ela pudesse olhar em todas as direções de uma só vez a partir da encruzilhada. Hecate foi acompanhada por matilhas de cães que latiam.

1. Você já esteve na casa de uma bruxa que tinha alguma semelhança com Hecate, como objetos negros, cristais, velas, ou coisas penduradas de cabeça para baixo?
2. Qual é seu mito ou história favorita sobre Hécate?
3. Por que você acha que as pessoas adoravam tanto esta deusa durante o período helenístico?

Minos

Rei de Creta | Deificado mortal e herói

Minos era o filho de Zeus e Europa. Ele casou-se com Pasiphaë, a filha de Helios, o deus sol. Eles tiveram vários filhos, incluindo Ariadne e Phaedra (que mais tarde se casou com Theseus).

Tudo correu bem até que o deus Poseidon enviou um touro a Creta para ser sacrificado. Minos, ao invés disso, manteve o animal vivo. Como punição, Poseidon fez com que Pasiphaë tivesse um amor antinatural pelo touro. A prole desse amor era o Minotauro, um monstro com o corpo de um homem e a cabeça de um touro.

Minos mandou calar o Minotauro em um labirinto construído pela inventora Daedalus. Minos decretou então que sete meninos e sete meninas de Atenas seriam periodicamente sacrificados ao Minotauro, que comia apenas carne humana. (Os atenienses haviam matado um filho de Minos, e esta foi sua vingança). Com a ajuda de Ariadne, Theseus encontrou o Minotauro e o matou, libertando Atenas deste tributo oneroso.

Daedalus tinha ajudado Ariadne em relação ao labirinto, então Minos o aprisionou e a seu filho Icarus em uma torre. Quando eles escaparam usando asas formadas por cera e penas, Minos os perseguiu.

Icarus afogou-se, mas Daedalus chegou à Sicília, onde era amigo de Cocalus, um rei local. Esta amizade leva o rei (ou suas filhas) a matar

Minos em seu banho logo após sua chegada à Sicília. Minos foi então nomeado juiz no Hades, o submundo.

A civilização da Idade do Bronze em Creta recebeu o nome de Minoan, em homenagem ao rei Minos, pelo arqueólogo britânico Arthur Evans. Muitos estudiosos agora pensam que Minos era um título para os governantes sacerdotes dessa civilização.

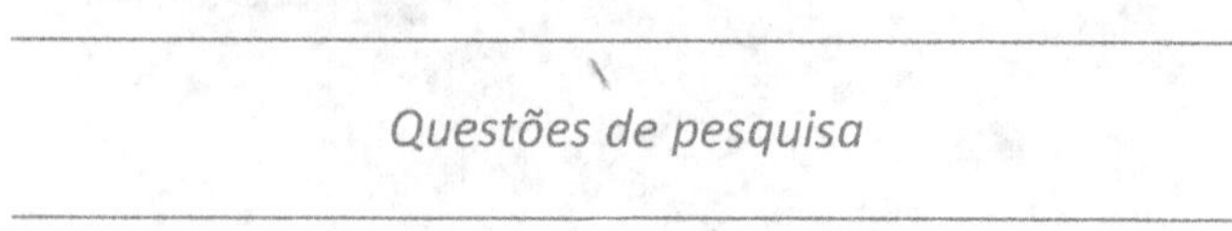

Questões de pesquisa

1. Por que as religiões modernas são tão julgadoras sobre sexualidade e nudez?
2. Qual é sua característica lateral favorita na mitologia?
3. Quem é o deus/deusa mais incompreendido e por quê?

Persephone
Rainha de Deusa do submundo

Os romanos chamavam Persephone Proserpina.

Persephone era filha de Zeus, o deus chefe, e Demeter, a deusa da agricultura. Contra sua vontade, ela se tornou a esposa de Hades, o deus do submundo, que era o reino subterrâneo dos mortos.

Dizia-se que Persephone estava colhendo flores em um prado quando Hades a raptou. Em algumas versões do mito, Zeus havia dado permissão a Hades para casar-se com ela. Demeter, por outro lado, foi tomado de pesar pela perda de sua filha para o reino sombrio dos mortos.

Persephone não permitiria o crescimento de nenhuma cultura enquanto sua filha estivesse ausente. Para evitar que os seres humanos morressem de fome, Zeus acabou ordenando que Hades devolvesse Perséfone à Demeter. Hades havia dado a Perséfone uma semente de romã para comer, no entanto, e qualquer um que comesse alimentos no submundo permaneceria ligado a ela. Por esta razão,

Persephone teve que viver com ele como rainha do submundo durante um terço de cada ano. Ela voltou para sua mãe durante os dois terços restantes do ano.

Este mito é responsável pela mudança das estações e pelo ciclo anual de crescimento e decadência da vegetação. Os meses que Persephone passou no subsolo a cada ano teriam sido o inverno, e seu retorno a Demeter teria sido na primavera.

Questões de pesquisa

1. Qual é seu nome alternativo na mitologia grega?
2. Você prefere ter um deus pessoal ou ser todo deus ao redor do mundo?
3. O que as amantes dos deuses mais ensinaram à humanidade?

Gigantes e outros "Gigantes

Cicloscópios

Uma tribo de gigantes zarolhos e devoradores de homens

Um gigante monstruoso com um único olho no meio de sua testa, o ciclope é encontrado em toda a mitologia grega. A palavra para mais de um ciclope é Ciclope.

No relato de Hesíodo sobre a vida dos deuses, havia três Cíclopes: Arges, Brontes e Steropes - filhos do Céu e da Terra que fizeram os trovões de Zeus. Na Odisséia de Homero, no entanto, eles eram uma colônia de gigantes devoradores de homens que se dizia viverem em cavernas no alto das montanhas da Sicília.

Odisseu com 12 homens desembarcou na ilha dos Cíclopes e se enganou na caverna do Ciclope Polifemo. Depois de bloquear a entrada com uma pedra enorme, Polifemo começou a jantar com os homens de Odisseu. Odisseu embebedou Polifemo, cegou-o e escapou com o resto de seus homens.

Polifemo pediu vingança a seu pai, Poseidon, deus do mar, que agitou as águas para que Odisseu não pudesse voltar para casa durante dez anos.

Outras tradições incluem a história de Polifemo se apaixonando loucamente por uma ninfa do mar, Galatea.

Os ciclopes também são creditados com a construção de antigas cidades muradas, como Tiryns, na Grécia. As paredes feitas de pedra não quadriculada ainda são chamadas de ciclovias.

---

1. Qual é sua história favorita sobre um deus que estava relacionado na mitologia?
2. Se você pudesse voltar no tempo e mudar a mitologia de um deus grego, quem seria?
3. Qual é sua história favorita da história grega e por quê?

Typhon

Um gigante serpentino monstruoso e uma das criaturas mais mortíferas da mitologia grega

Escritores posteriores identificaram Typhon com o deus egípcio Seth.

Typhon era um monstro terrível com 100 cabeças de dragões. Seu nome também foi soletrado Typhaon, e ele também foi chamado Typhoeus. Ele era o filho mais novo de Tártaro (a personificação do submundo) e Gaea (Terra).

O deus Zeus conquistou Typhon e o lançou no submundo. Em outros relatos, Typhon foi confinado na terra do Arimi na Cilícia ou sob o monte Etna ou em outras regiões vulcânicas, onde ele foi a causa das erupções. Typhon era, portanto, a personificação das forças vulcânicas.

Typhon era casado com o monstro Echidna, que era parte mulher e parte serpente. Eles tiveram muitos filhos monstruosos, incluindo Cérbero (o cão de três cabeças que guardava o submundo), a Hydra (um monstro de várias cabeças), e a Quimera (uma criatura que era parte leão, parte cabra e parte dragão).

Typhon também foi o pai de ventos perigosos (tufões).

---

1. Que criatura mítica você mais admira e por quê?
2. Você conhece mais fatos sobre os deuses clássicos do que sobre os mais novos?
3. Se você pudesse escolher qualquer deus no panteão, para que você os quereria?

Divindades rústicas

Aristaeus

Deus menor, protetor e criador de várias artes | Defied mortal

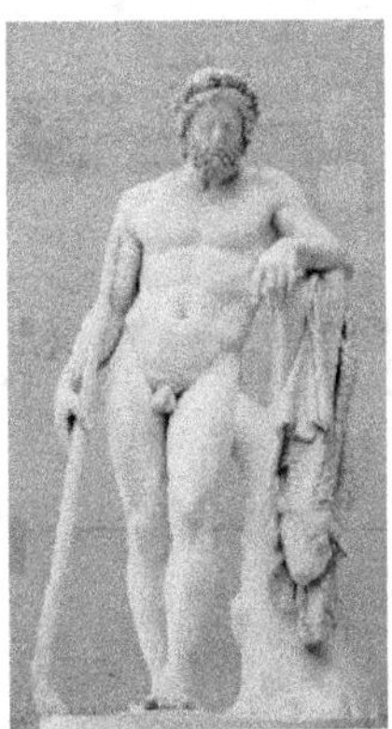

Divindade grega, nome derivado de aristos (melhor); a adoração era generalizada, mas os mitos a seu respeito eram algo obscuros; pensava-se ser filho de Apolo e ninfa Cirene; nasceu na Líbia, mas depois foi para Tebas, onde Muses o instruiu nas artes de cura e profecia; tornou-se genro de Cadmus e pai de Actaeon; depois de viajar muito, chegou à Trácia.

Na Trácia, ele finalmente desapareceu perto do Monte Haemus; divindade benevolente que introduziu o cultivo de abelhas, videiras e oliveiras; protetor dos pastores e caçadores; representado como jovem vestido de pastor e às vezes carregando uma ovelha.

Questões de pesquisa

---

1. Quem você acha que é o deus ou a deusa mais razoável na mitologia?
2. Se você fosse um deus mitológico, qual deles seria seu domínio?
3. Qual deus grego poderia ser seu animal espiritual?

Pan
O deus da natureza, caçador e companheiro das ninfas

Os deuses romanos Faunus e Silvanus compartilham muitos atributos do Pan e podem ter evoluído a partir dele. Algumas representações cristãs do diabo têm uma semelhança marcante com Pan.

Pan era um deus rural de lugares selvagens que estava associado à alegria e folia. Ele era adorado originalmente na Arcádia e eventualmente em todas as áreas da Grécia. Pan tinha a forma de um humano com as pernas, os chifres e as orelhas de um bode.

Pan era o deus que vigiava os rebanhos e os pastores e pastores que os guardavam, e ele também era um deus da fertilidade. Na floresta e em outros lugares escuros e solitários à noite, os ruídos ouvidos eram atribuídos a Pan; assim, a palavra pânico veio a significar o susto que em algum momento foi atribuído à proximidade de Pan.

Na maioria dos contos, o deus Hermes é o pai de Pan. Diz-se às vezes que sua mãe é Penélope, a esposa do herói Odisseu. Em certas histórias

Hermes veio a Penélope na forma de um bode, explicando assim as partes do bode de Pan. Em algumas histórias cômicas, Pan é a progênie de Penélope e de todos os pretendentes que a cortejaram durante a ausência de Odisseu.

Como os pastores da época, Pan era um flautista, e sua grande alegria era tocar música e dançar com as ninfas nas florestas. Os canos que ele teria tocado - um instrumento de sopro feito de canos de cana de diferentes comprimentos montados em uma fileira - são chamados de panpipes ou syrinx.

Uma história conta que ele criou as panfletos depois de perseguir uma ninfa chamada Syrinx. Pan, que era conhecida por sua amorosidade, quase a pegou quando clamou por ajuda a seu pai, um deus do rio.

O pai da Pan a transformou em um leito de canas crescendo no banco. Pan cortou algumas palhetas e fez panpipes para se consolar por sua perda.

Questões de pesquisa

---

1. As histórias por trás desses deuses gregos o lembram de não procrastinar ou ser preguiçoso no trabalho escolar?
2. Quais são algumas boas razões pelas quais as pessoas fazem sacrifícios aos deuses?
3. Que criatura mitológica é um símbolo de lealdade na mitologia grega?

Divindades agrícolas

Adonis

O deus da renovação permanente, da fertilidade, da beleza e do desejo

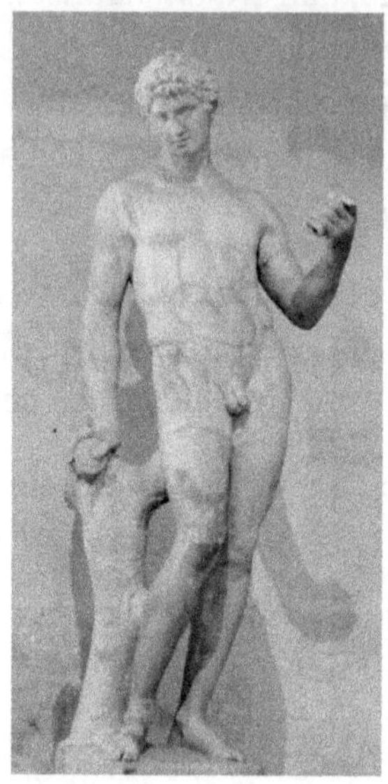

A natureza cíclica das estações, bem como o mistério do crescimento natural, estão incorporados em Adonis, o belo deus da vegetação e da natureza, de acordo com a mitologia grega e fenícia.

O festival anual fenício de Adonia comemorava Adonis como um deus da fertilidade e da abundância. O nome Adonis veio da palavra semítica adonay (meu senhor, meu mestre).

Adonis nasceu de uma árvore, na qual sua mãe havia se transformado. A deusa Afrodite foi tão levada pela beleza de Adonis que ela o escondeu em um cofre, ou baú do tesouro, quando criança. Ela contou este segredo a Perséfone, outra deusa. Desconhecida por Afrodite, Persephone abriu o cofre.

Quando ela viu Adonis, ela também ficou impressionada com sua beleza. Ela o raptou e se recusou a desistir dele. Afrodite apelou para o deus Zeus, que decretou que Adonis deveria passar metade de cada ano na Terra com Afrodite (simbolizando o retorno anual da primavera) e a outra metade no submundo com Perséfone (simbolizando o retorno anual do outono). Um dia, ainda jovem, Adonis foi morto por um javali que ele havia ferido com sua lança.

Várias lendas botânicas brotaram da história da morte de Adonis. Segundo alguns, anêmonas brotaram do chão onde o sangue de Adonis caiu, e rosas brotaram das lágrimas que Afrodite derramou por Adonis. Jardins nos quais as plantas são induzidas a florescer rapidamente (e assim morrer rapidamente) são chamados de jardins de Adonis, simbolizando seu destino.

1. Em que grande história ou mito você acabou acreditando mais?
2. Quem são alguns deuses gregos menos conhecidos ou figuras históricas que merecem mais reconhecimento?
3. Se você começasse um novo traje de Halloween este ano, qual dos deuses gregos você representaria e por quê?

Divindades da saúde

Aesculápio (Asclepius)
O deus da medicina

O deus grego da medicina, Asclepius em latim, Aesculapius-aparece na arte segurando um bastão com uma serpente enrolada ao seu redor. A serpente, que para ele era sagrada, simbolizava a renovação da juventude, pois ela se desprende de sua pele.

Aesculapius era o filho de Apolo e Coronis. O centauro Chiron o educou e lhe ensinou a arte da cura. Sua filha Hygeia personificava a saúde, e sua filha Panacea, a cura. Dois de seus filhos aparecem na "Ilíada" de Homero como médicos do exército grego.

Seus supostos descendentes, chamados Asclepiadae, formaram uma grande ordem de sacerdotes-físicos. Os segredos sagrados da medicina pertenciam somente a eles e foram transmitidos de pai para filho.

As Asclepiadae praticavam sua arte em magníficos templos de saúde, chamados Asclepieia. Os templos eram na verdade sanatórios equipados com ginásios, banhos e até mesmo teatros.

O paciente foi colocado para dormir pela primeira vez. Seu sonho,
interpretado pelos padres, deveria fornecer orientações para o
tratamento. Todas as curas foram registradas como milagres.

1. Você acha que existem remédios da Grécia antiga que não
   foram passados para os remédios dos tempos modernos?
   Qual é sua característica lateral favorita na mitologia?
2. Qual é sua história favorita de Aesculapius da mitologia?
3. O que você sabe sobre a conexão entre Apollo e Aesculapius?
4. Quem é o deus da cura na religião romana?

Outras divindades

Charites (As Graças)
Deusas da fertilidade, do encanto e da beleza

Os caritas eram freqüentemente associados com a deusa do amor, Afrodite. Dizem ser as filhas de Zeus e Hera ou Eurinome, que era uma filha do Titan Oceanus. Em algumas lendas os pais das Graças eram Helios, o deus sol, e Aegle, uma filha de Zeus.

O número das Graças diferia nas histórias de vários lugares, mas geralmente pensava-se que havia três nomes: Aglaia (Brightness), Euphrosyne (Joyfulness) e Thalia (Bloom). Nenhum banquete no Olimpo satisfazia os deuses a menos que as Musas e Graças o cantassem.

O nome Graces vem do latim; o nome grego para as deusas era Charites. Na religião grega, os cultos que adoravam as Graças centravam-se na Boécia, Atenas, Esparta e Pafos.

Questões de pesquisa

---

1. Que poder divino feminino você está mais interessado em obter?
2. Qual deus seria mais fácil de enganar?
3. Qualquer coisa sobre esses deuses poderia ser fiel à sua opinião?

Mortais

Mortais desafiados

Achilles
Herói da Guerra de Tróia

Entre os gregos que lutaram contra Tróia, o considerado o mais corajoso foi Aquiles. Sua mãe era a deusa Thetis, uma Nereid (ninfa do mar). Seu pai era Peleus, rei da Tessália e neto de Zeus, o senhor do céu.

Foi na festa de casamento de Thetis e Peleus que a deusa Eris (Discord) atirou entre os convidados uma maçã dourada que iria causar a Guerra de Tróia.

Logo após o nascimento de Aquiles, Thetis tentou enganar o destino, que havia predito que a guerra iria cortar seu filho em seu auge. Para que nenhuma arma pudesse feri-lo, ela mergulhou seu bebê nas águas negras do Styx, o rio que corria ao redor do submundo.

Somente o calcanhar pelo qual ela o segurava não foi tocado pelas águas mágicas, e esta era a única parte de seu corpo que podia ser ferida. Esta é a fonte da expressão calcanhar de Aquiles, que significa um ponto vulnerável.

Quando a Guerra de Tróia começou, a mãe de Aquiles, temendo que o decreto do destino se revelasse verdadeiro, o vestiu de menina e o escondeu entre as donzelas na corte do rei de Círios. O truque não teve sucesso. Odisseu, o mais astuto dos gregos, foi para a corte disfarçado de vendedor ambulante.

Quando Odisseu espalhou seus produtos antes das meninas, uma súbita trombeta foi tocada. As garotas gritaram e fugiram, mas Aquiles traiu seu sexo ao agarrar uma espada e uma lança do estoque do vendedor ambulante.

Aquiles juntou-se à batalha e tomou o comando dos homens de seu pai, os Mirmidões. Eles deram um exemplo de bravura para os outros gregos. Depois ele brigou com Agamenón, o líder dos gregos, por causa de um cativo que ele amava.

Quando ela foi tirada dele, ele retirou seus seguidores da luta e amuou em sua tenda. Como resultado, os exércitos gregos foram levados de volta para seus navios pelos troianos.

Finalmente, comovido com a situação dos gregos, Aquiles confiou seus homens e sua armadura a Patroclus, seu melhor amigo. Assim, quando Patroclus levou os Mirmidões à batalha, os troianos o confundiram com Aquiles e fugiram em pânico. Patroclus, porém, foi morto por Hector, o líder dos troianos. A armadura de Aquiles tornou-se o prêmio de Héctor. Enfurecido e abatido pela dor,

Aquiles prometeu matar Hector. Enquanto isso, sua mãe apressou-se em ir ao Olimpo para implorar uma nova armadura de Hefesto, deus da forja. Vestido com sua nova armadura, Aquiles novamente foi para a batalha. Ele matou muitos troianos, e o resto, exceto Hector, fugiu dentro de sua cidade. Aquiles então matou Héctor.

Embora os troianos tivessem agora perdido seu líder, eles puderam continuar lutando com a ajuda de outras nações. Aquiles quebrou a força desses aliados ao matar Memnon, príncipe dos etíopes, e Penthesilea, rainha das Amazonas.

Aquiles estava agora cansado da guerra e, além disso, havia se apaixonado pela Polyxena, irmã de Hector. Para conquistá-la em casamento, ele consentiu em pedir aos gregos que fizessem as pazes.

Aquiles estava no templo organizando o casamento quando o irmão de Hector, Paris, atirou nele com uma flecha envenenada na única parte vulnerável de seu corpo - o calcanhar.

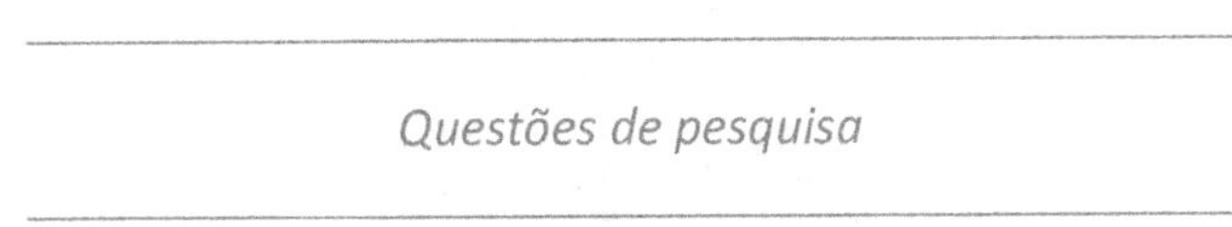

Questões de pesquisa

1. Como você acha que é o Monte Olimpo na vida real?
2. Qual é o melhor mito grego que você conhece e por quê?
3. Qual é sua história mais louca envolvendo um herói grego?

Ganímedes

Um belo príncipe troiano, raptado por Zeus e feito porta-voz dos deuses

Na mitologia grega, Ganímedes era o filho de um rei de Tróia. Por causa da grande beleza de Ganímedes, Zeus disfarçou-se de águia e levou Ganímedes para o Monte Olimpo para servir de portador de copas para os deuses.

Algumas histórias relatam que Hebe desempenhou essa função e, ocasionalmente, diz-se que Ganímedes substituiu Hebe depois que ela renunciou ao seu posto para se casar com Heracles ou foi removida por um erro que ela cometeu.

Zeus deu ao pai de Ganímedes um cavalo imortal para compensá-lo pela perda de seu filho. A maior lua do planeta, Júpiter, foi nomeada para ele.

Questões de pesquisa

---

1. Qual herói da mitologia grega seria seu animal de apoio emocional e por quê?
2. Quem você queria que fosse um super-herói ou vilão se os deuses gregos tivessem poderes como os de personagens de quadrinhos e romances gráficos?
3. Você sente que qualquer poder mitológico parece ter se tornado realidade hoje?

Hercules

Um dos mais fortes e celebrados dos heróis da mitologia clássica

Hércules (chamado Heracles pelos gregos) era o filho do deus Zeus e do mortal Alcmene. A deusa Hera, que odiava o bebê Hércules, enviou duas serpentes para destruí-lo em seu berço, mas Hércules as estrangulou. Quando menino, Hércules foi treinado pelo centauro Chiron.

Quando Hércules era um jovem, duas donzelas vieram até ele. Arete representava a virtude; Kakia era o vício. Kakia ofereceu a Hércules prazer e riqueza se ele a seguisse. Arete ofereceu a ele apenas glória por uma luta vitalícia contra o mal. Hércules escolheu ser guiado por Arete.

Num ataque de frenesi causado por Hera, Hércules matou seus próprios filhos. Para expiar, ele teve que servir seu primo, o rei Euristeu, que o mandou executar as tarefas conhecidas como os 12 trabalhos de Hércules.

A primeira foi a matança do leão Nemean. Hércules estrangulou o animal e usou a pele do leão. Ele então matou a Hydra, uma terrível serpente com nove cabeças. O terceiro e quarto trabalhos envolveram a captura de duas criaturas selvagens - o veado cerineense com chifres dourados e o javali selvagem Erymanthian.

Para seu próximo trabalho, Hércules teve que limpar os estábulos de Augean, que não tinham sido limpos há 30 anos. Ele virou dois rios, o Alpheus e o Peneus, através dos estábulos, terminando o trabalho em um único dia. Em seguida, ele matou os ferozes pássaros Stymphalian, após o que capturou o touro Cretan.

Em seguida, ele capturou as éguas selvagens carnívoras de Diomedes, rei da Trácia. Hércules matou Diomedes e o alimentou com os cavalos. Ele então teve que obter o cinto de Hippolyta, rainha das Amazonas.

Ele derrotou as Amazonas, matou a rainha e levou o cinto. Por seu décimo trabalho, Hércules capturou os bois do monstro Gerião, que habitava na lendária ilha Erytheia.

Os dois últimos trabalhos foram os mais difíceis. Um envolvia roubar as maçãs douradas guardadas por quatro ninfas irmãs chamadas Hesperides. O pai delas era Atlas, que apoiava os céus em suas costas.

Para obter as maçãs, a Hercules tomou o lugar da Atlas, enquanto que a Atlas tomou as maçãs. Finalmente, Hércules viajou para Hades, onde capturou Cerberus, o cão de muitas cabeças que guardava os portões do submundo. Ele trouxe Cérbero a Euristheus, mas o rei estava tão aterrorizado que Hércules teve que voltar a Hades para levar o monstro de volta.

Tendo completado as 12 tarefas, Hércules estava agora livre, mas realizou outras proezas. O centauro Nessus tentou carregar a esposa de Hércules, Deianeira. Hércules atirou em Nessus com uma flecha envenenada.

O centauro moribundo mandou Deianeira guardar parte de seu sangue como um amuleto de amor. Quando Hércules se apaixonou por outra donzela, Deianeira mandou-lhe um manto mergulhado no sangue. Hércules o vestiu e o veneno se espalhou por seu corpo como fogo. Ele fugiu para o Monte Oeta, construiu um fogo fúnebre e se jogou sobre ele para morrer.

A força heróica de Hércules inspirou muitas obras de arte. Um belo exemplo em escultura é o Farnese Hércules, uma cópia de uma obra anterior do antigo escultor Lysippus.

1. O que você acha das várias interpretações da mitologia grega, ou seja, do "Hércules" da Disney? Isso muda sua opinião sobre qual versão é a mais precisa ou atrativa para você?
2. Você acha que a adoração das deidades gregas ajudou em alguma coisa com os problemas de alguém na Grécia antiga?
3. Todos os deuses e semideuses gregos são, por vezes, amigáveis uns com os outros?

Heróis

Aeneas
Um herói da Guerra de Tróia e progenitor do povo romano

Enéas é o herói da Eneida de Virgílio, mas foi reverenciada pelos romanos muito antes de a Eneida ter sido escrita. Eles o chamavam de Júpiter indiges - "o fundador da raça".

Enéas foi considerado como um herói de Tróia e Roma. A Ilíada de Homero o compara com o lendário Hector. Enéas não era de origem romana. Anchises, seu pai, era um membro da casa real de Tróia.

Sua mãe era a deusa do amor, Afrodite. Anchises jurou nunca revelar seu casamento com Afrodite. Quando Enéas nasceu, porém, Anchises se vangloriava de seus companheiros. No castigo, ele estava cego.

Quando Tróia foi conquistada na Guerra de Tróia, Enéas conduziu seus guerreiros para fora da cidade em chamas, carregando seu pai cego sobre seus ombros. Enéas e seus companheiros perambularam então pela região do Mediterrâneo durante sete anos em busca de uma nova pátria.

Seus navios foram naufragados ao largo da costa africana, perto de Cartago. Dido, a rainha cartaginiana, se apaixonou profundamente por Enéas e implorou-lhe que ficasse. Quando ele partiu, Dido se matou de desgosto.

Enéas e seus companheiros se estabeleceram brevemente na Trácia, Creta e Sicília, antes de vir para o Lácio, nas margens do Tibre. O rei Latinus os fez bem-vindos.

Enéas ajudou o governante em suas lutas contra o Rutuli. Mais tarde, Enéas casou-se com Lavinia, filha de Latinus. Ele herdou o reino após a morte de Latinus, reinando feliz e com sucesso sobre seus troianos e latinos unidos. Ele foi morto em uma batalha com os etruscos.

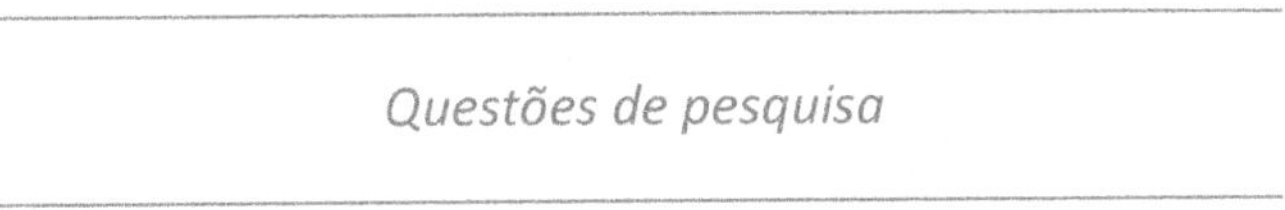

Questões de pesquisa

1. Como você descreveria ser um herói grego?
2. Qual é a sua opinião sobre os nomes dos heróis gregos?
3. Você já encontrou uma estátua de um deus grego ou uma deusa?

Ajax, o Grande
Um herói da Guerra de Tróia e rei de Salamis

Entre os guerreiros gregos que sitiaram Tróia, Ajax, o Grande, ficou em segundo lugar apenas com Aquiles em força e coragem. Ele era filho de Telamon e era meio-irmão de Teucer. Homero na Ilíada o descreve como sendo gigantesco em estatura.

Na morte de Aquiles, Ajax como o mais corajoso dos gregos reivindicou a armadura de Aquiles. O prêmio, entretanto, foi para Odisseu (Ulisses) como o mais sábio. Tão enfurecido foi Ajax que ele ficou louco e se matou. Sua história é contada pelo dramaturgo grego Sophocles na tragédia Ajax.

Outro herói grego de mesmo nome foi o "Lesser" Ajax, filho de Oileus, rei de Locris. Ele era pequeno de estatura, mas corajoso e habilidoso para arremessar a lança.

Somente Aquiles poderia funcionar mais rapidamente. Como Ajax, o Grande, ele era o inimigo de Odisseu. Bastardo e arrogante, ele desafiou até mesmo os deuses. Como punição por seu comportamento imprudente, ele foi naufragado e afogado em uma viagem de retorno de Tróia.

1. Qual herói grego você acha que é o mais amigável?
2. Se um herói ou semideus grego tivesse que escolher uma coisa nesta terra para conferir, em que votaria?
3. Você já considerou ser imortal e viver para sempre como os deuses gregos?

Daedalus

Um criador de um labirinto mazeliano

A Daedalus era um artesão inteligente. Mais tarde foi dito que ele foi o primeiro escultor a fazer estátuas com os olhos abertos e com os braços abertos para fora do corpo.

A Daedalus também foi creditada por ter inventado o sovela, o bisel e outras ferramentas. Nos tempos antigos, acreditava-se que muitos templos e estátuas de madeira na Grécia e na Itália eram sua obra.

Quando o sobrinho de Daedalus Perdix inventou a serra e a roda do oleiro, Daedalus supostamente ficou tão ciumento que empurrou Perdix da Acrópole em Atenas. Depois que Daedalus fugiu para Creta, onde o rei Minos governava, ele construiu o labirinto labiríntico para cercar o Minotauro, um monstro que era parte homem, parte touro.

Daedalus mais tarde ofendeu o rei Minos, e ele e seu filho Icarus foram presos. Daedalus fez asas de penas e cera para que eles pudessem escapar voando sobre o mar. Ícaro subiu muito perto do sol. Seu calor derreteu a cera e ele se afogou.

1. Se você pudesse ter um assistente pessoal de qualquer mito, quem seria e por quê?
2. Quais são algumas de suas maneiras favoritas de honrar os deuses gregos?
3. Como você acha que os humanos foram afetados por viverem próximos às divindades gregas?

Jason

Líder dos Argonautas.

Jason conduziu com sucesso um grupo de heróis, conhecidos como os Argonautas, para recuperar o Velo de Ouro, a lã dourada de um carneiro.

Jason era o filho de Éson, o rei de Iolcos na Tessália, no que é hoje o norte da Grécia. Enquanto Jasão era uma criança, seu tio Pelias tomou o trono. Para sua segurança, Jasão foi mandado embora para ser criado por Chiron, um centauro. Jasão voltou para Iolcos quando era um jovem.

Pelias prometeu renunciar e deixar Jasão se tornar rei, como era seu direito de herança, se Jasão lhe trouxesse a Frota de Ouro - uma tarefa aparentemente impossível. O velo foi mantido em Colchis distante e foi guardado por um dragão que nunca dormiu.

Depois de muitas aventuras, Jason fugiu com o velo com a ajuda da feiticeira Medeia. Jason se casou com Medeia. No seu retorno a Iolcos, Medeia matou Pelias. Ela e Jasão foram expulsos pelo filho de Pélias e tiveram que se refugiar com o rei Creonte de Corinto.

Quando Jason deixou Medeia pela filha de Creon, Medeia matou seus próprios filhos por Jason. A deserção de Jasão de Medeia e suas conseqüências foram o tema da trágica peça de Eurípedes Medeia.

---

1. Quais foram algumas das mais notáveis missões feitas por heróis que foram em busca de um objeto ou informação dentro do reino do Hades que era conhecido por ter sido guardado por monstros?
2. O que é uma loucura que uma divindade ou um herói fez acontecer ou em que participou?
3. Você acha que todos os deuses gregos foram despojados de seus poderes pelos humanos quando nos tornamos mais avançados?

Odisseu
Um herói e rei de Ítaca.

O herói do poema épico de Homero, a Odisséia, é Odisseu. Ele é uma das figuras mais frequentemente retratadas na literatura ocidental. Depois de lutar na Guerra de Tróia por cerca de 10 anos, Odisseu teve que suportar mais uns 10 anos de vagabundagem e aventuras antes de voltar para sua casa e sua família.

Homero o retratou como um homem de excepcional astúcia, engenhosidade, coragem e resistência. O nome de Odisseu em inglês é Ulysses.

Segundo Homero, Odisseu era o rei de Ítaca, uma das ilhas Jônicas. Seus pais eram Laertes e Anticleia. A esposa de Odisseu era Penélope, e eles tinham um filho, Telemachus. (Na tradição posterior, Odisseu era filho de Sísifo e filhos paternos de Circe, Calipso, e outros).

Odisseu também aparece no poema épico de Homero, a Ilíada, que diz respeito à Guerra de Tróia. No poema, Odisseu desempenha um papel de liderança na reconciliação entre os heróis gregos Agamenón e Aquiles.

A bravura e a habilidade de Odisseu na luta são demonstradas repetidamente. Sua vontade é demonstrada principalmente na expedição noturna que ele empreende com Diomedes contra os troianos.

A Odisséia descreve como Odisseu realizou a captura de Tróia, que terminou a guerra. Ele tinha soldados gregos escondidos dentro de um enorme cavalo oco de madeira (o cavalo de Tróia). Quando os troianos trouxeram o cavalo dentro da cidade amuralhada, os guerreiros se enxamearam e abriram os portões para o resto dos soldados gregos.

As andanças de Odisseu após a guerra e a recuperação de sua casa e reino são o tema central da Odisséia. Depois de deixar Tróia, Odisseu chega à terra dos comedores de lótus, uma tribo que come uma planta misteriosa.

Com dificuldade, ele resgata alguns de seus companheiros, que estão drogados de comer a planta. Odisseu então encontra e cega Polifemo, o Ciclope, um filho de Poseidon. Odisseu escapa da caverna de Polifemo, agarrando-se à barriga de um carneiro.

Odisseu e seus companheiros chegam mais tarde à ilha de Laestrygones, que são gigantes canibalescos. Eles destroem 11 dos 12 navios de Odisseu.

No navio restante, Odisseu e seus companheiros sobreviventes chegam à ilha da Círculo de Feiticeiras. Ela transforma alguns de seus homens em porcos, e ele tem que resgatá-los.

Em seguida, Odisseu visita a terra dos mortos, onde fala ao espírito de Agamenón e ao vidente cego Tiresias. De Tiresias, Odisseu aprende como ele pode evitar a ira de Poseidon, que está zangado com ele por ter matado Polifemo.

Enquanto Odisseu viaja, ele passa as sereias e Scylla e Charybdis, criaturas que tentam destruí-lo e sua tripulação. Em uma ilha do deus Sol Helios, os homens encontram o gado do deus, o Gado do Sol. Apesar das advertências, os companheiros de Odisseu matam o gado em busca de alimento. Somente Odisseu sobrevive à tempestade que se seguiu. Ele então chega à ilha da ninfa Calipso. Ela o mantém prisioneiro na ilha por sete anos, antes que Athena e Hermes o ajudem.

Odisseu finalmente deixa Calipso e finalmente chega em casa em Ítaca. Enquanto isso, Penelope (sua esposa) e Telemachus (seu filho) têm lutado para manter sua autoridade durante seus quase 20 anos de ausência. Mais de 100 pretendentes têm pressionado Penélope a se casar novamente. Enquanto esperavam que ela decidisse entre eles, estes homens permaneceram na casa de Odisseu - comendo, bebendo e acarinhando.

Quando Odisseu chega em casa, ele é reconhecido a princípio somente por seu fiel cão e uma enfermeira. Ele prova sua identidade com a ajuda de Athena. Para confirmar que ele é realmente Odisseu, Penélope o tem amarrado e atirado com seu velho arco.

Então, com a ajuda de Telemachus e dois escravos, Odisseu mata todos os pretendentes de Penélope. Penélope ainda não acredita em Odisseu e lhe dá mais um teste. Mas, finalmente, ela sabe que é ele e o aceita como seu marido há muito perdido e o rei de Ítaca. (Para um relato mais detalhado das aventuras de Odisseu.

Nos trabalhos de Homero, Odisseu tem muitas oportunidades de mostrar seu talento para os truques e decepções. Ao mesmo tempo, ele é constantemente corajoso, leal e generoso. Numerosos outros escritores gregos e romanos também retrataram Odisseu. Eles o apresentaram às vezes como um político sem princípios, às vezes como um homem de Estado sábio e honrado. Os filósofos geralmente admiravam sua inteligência e sabedoria.

Figura literária duradoura, Odisseu tem sido tratada por muitos outros escritores posteriores, incluindo William Shakespeare (em Troilus e Cressida), Níkos Kazantzákis (em A Odisséia: Uma Sequela Moderna), e (metaforicamente) por James Joyce (em Ulisses) e Derek Walcott (em Omeros).

1. Quais são as três coisas que você aprendeu sobre Odisseu?
2. Quais são alguns dos melhores livros sobre mitologia grega, e quem os escreveu?
3. Como vocês acham que eram os deuses gregos quando crianças?

Orfeu

Um lendário músico e poeta que tentou resgatar sua falecida esposa do Submundo

O herói Orfeu era um poeta e músico que cantava e tocava música de forma tão bela que todos os que a ouviam ficavam encantados. Animais, árvores e até rochas se moviam ao seu redor com o tempo, para sua música.

Orfeu tocou a lira, um instrumento de harplike que lhe havia sido dado pelo deus Apolo. A maioria das lendas relata que a mãe de Orfeu foi uma das Musas; na maioria das vezes diz-se que ela era Calliope, o patrono da poesia épica. Seu pai geralmente era dito ser Oeagrus, um rei da Trácia.

A esposa de Orfeu era Eurídice. Pouco depois de casados, porém, ela foi mordida por uma cobra e morreu. Superado pela dor, Orfeu corajosamente desceu ao submundo, o reino subterrâneo dos mortos, para tentar trazê-la de volta à vida.

Orfeu usou sua música para encantar Charon, o barqueiro que transportava os mortos através do rio Styx, e Cerberus, o cão de três cabeças que guardava os portões do submundo, então eles o deixaram passar. Orfeu então apelou para Hades e Perséfone, os governantes do submundo, em canção.

Movidos pela devoção de Orfeu à sua esposa e por sua música, eles permitiram que Eurídice voltasse à vida. Havia uma condição: ele não podia olhar para ela até que eles estivessem fora do submundo.

Orfeu levou Eurídice de volta do submundo sombrio para o reino dos vivos. Eles estavam quase lá quando Orfeu viu a luz do sol do mundo acima.

Num impulso, ele voltou para trás, seja para garantir que Eurydice ainda estivesse com ele ou para compartilhar seu deleite com ela. Naquele momento, ela desapareceu, morrendo uma segunda vez. Orfeu foi deixado sozinho e inconsolável.

Orfeu foi mais tarde morto por mulheres na Trácia. As lendas sobre sua morte variam. Alguns dizem que ele foi despedaçado por ménages frenéticas, mulheres dedicadas ao deus Dionísio, porque Orfeu preferiu adorar Apolo ao invés de Dionísio.

As Musas enterraram os membros de Orfeu, e sua lira foi colocada no céu como Lyra, uma constelação de estrelas. Sua cabeça, ainda cantando, flutuava até a ilha de Lesbos. Lá a cabeça proferiu profecias, tornando-se o oráculo órfão.

Acredita-se que Orfeu tenha inspirado um movimento religioso na Grécia antiga. Seus adoradores realizavam ritos secretos, supostamente baseados nos ensinamentos e canções de Orfeu. Esta religião misteriosa Orfeu estava especialmente preocupada com a vida após a morte e a purificação do pecado.

A lenda de Orfeu tem inspirado artistas e escritores desde os tempos antigos. O personagem tem sido apresentado em inúmeras obras de arte, literatura e música, incluindo óperas de Claudio Monteverdi, Christoph Gluck e Jacques Offenbach e o filme Black Orpheus (1959), do diretor brasileiro Marcel Camus.

1. Você já leu sobre uma experiência de um dos heróis gregos menos conhecidos?
2. Alguma cultura ou religião específica o inspira a querer um trabalho que envolva educação sobre como as pessoas vivem/pensam ao redor do mundo?
3. Como você explicaria o conceito de um herói grego a alguém que nunca ouviu falar dele antes?

Perseu
O filho de Zeus, fundador da Mycenae, e assassino da Gorgon Medusa

Perseu foi o jovem herói que matou Medusa, um dos temíveis Gorgons que se voltou para apedrejar qualquer um que se atrevesse a olhar para eles. Perseu era o filho de Zeus, rei dos deuses, e Danaë, a bela filha de Acrisius, rei de Argos.

Acrisius havia banido mãe e filho porque um oráculo havia dito que o filho de Danaë o mataria um dia. Polydectes era o rei da ilha onde Danaë e Perseu tinham sido carregados sob a orientação de Zeus.

O rei cortejou Danaë, mas sabia que ele teria que se livrar de Perseu antes que pudesse ganhar a mão de Danaë. Então, ele enviou a juventude para trazer de volta a cabeça da Medusa, pensando que Perseu seria morto.

Medusa era uma das três terríveis irmãs chamadas Gorgons. Elas tinham asas coriáceas, garras de couro, e cobras envenenadas que se contorciam no lugar do cabelo. Qualquer um que olhasse para elas se transformava em pedra. Mas Perseu foi ajudado pelos deuses. Athena emprestou-lhe seu escudo brilhantemente polido, e Hermes deu-lhe uma espada mágica. Perseu veio para a terra da noite onde viviam as três irmãs Gray (as Gray Sisters). Elas tinham apenas um olho e um dente entre elas. Elas se recusaram a ajudar Perseu, mas ele lhes roubou o olho e o devolveu somente quando lhe disseram onde encontrar os Gorgons.

Com sandálias aladas que lhe permitiram voar, o capacete de Hades que o tornou invisível e uma bolsa na qual esconder a cabeça, ele partiu novamente e finalmente encontrou os três Gorgons adormecidos. Ele colocou seu boné de escuridão e voou mais perto. Alighting, ele olhou para o seu escudo brilhante, evitando assim um olhar direto para os Gorgons. Com um golpe de sua espada, ele cortou a cabeça da Medusa.

No caminho para casa, Perseu encontrou a bela donzela Andrómeda, que foi acorrentada a uma pedra e deixada para ser devorada por um monstro marinho. Perseu esperou ao lado dela e, quando o monstro apareceu, cortou sua cabeça.

Seus pais, Cefeu e Cassiopéia, deram Andrómeda a Perseu como sua noiva. Perseu continuou em casa e salvou sua mãe, transformando Polidectes e seus apoiadores em pedra à vista da cabeça da Medusa.

Perseu deu a cabeça do Gorgon a Athena, que a colocou em seu escudo, e acompanhou sua mãe de volta a Argos. Mais tarde, quando Perseu jogou o disco em uma grande competição atlética, ele se desviou e caiu entre os espectadores, matando acidentalmente seu avô Acrisius e cumprindo assim a profecia.

Após sua própria morte, Perseu foi levado para o céu por seu pai Zeus, assim como Andrómeda, Cassiopéia e Cefeu. Lá eles se tornaram constelações, tudo de acordo com os velhos mitos gregos.

Questões de pesquisa

---

1. Você já viu acontecer alguma coisa estranha ou inexplicável que estivesse relacionada com os velhos Deuses da Grécia?
2. Como você descreveria histórias gregas para uma pessoa que ainda não sabe nada sobre elas?
3. O que você pensa sobre os heróis gregos na cultura popular?

Theseus

O rei de Atenas e o assassino do Minotauro

O herói Theseus, o filho de Aegeus, rei de Atenas, nasceu e foi criado em uma terra distante. Sua mãe não o enviou para Atenas até que ele fosse um jovem capaz de levantar uma pedra sob a qual seu pai havia colocado uma espada e um par de sandálias.

Quando Theseus chegou a Atenas após muitas aventuras, ele encontrou a cidade em profundo luto. Era novamente hora de enviar para Minos, rei de Creta, a homenagem anual de sete jovens e sete donzelas a serem devoradas pelo Minotauro.

Este era um monstro terrível, meio humano e meio touro. Estes se ofereceram como uma das vítimas, esperando que ele fosse capaz de matar o monstro.

Quando chegou a Creta, Ariadne, a bela filha do rei, se apaixonou por ele. Ela o ajudou dando-lhe uma espada, com a qual ele matou o Minotauro, e uma bola de fio, com a qual ele conseguiu encontrar seu caminho para fora do labirinto sinuoso onde o monstro estava guardado.

Estes tinham prometido a seu pai que, se ele tivesse sucesso em sua busca, içaria velas brancas em seu navio quando voltasse; ele tinha velas negras quando partisse. Ele esqueceu sua promessa. O rei Aegeus, vendo as velas negras, pensou que seu filho estava morto e pulou no mar.

Desde então, o mar tem sido chamado de Egeu em sua homenagem. Estes se tornaram então o rei dos atenienses. Ele uniu as comunidades aldeãs da planície da Ática em uma nação forte e poderosa.

Estes foram mortos por traição durante uma revolta dos atenienses. Mais tarde, sua memória foi mantida em grande reverência. Na batalha de Maratona em 490 a.C., muitos atenienses acreditavam ver seu espírito conduzindo-os contra os persas.

Depois das guerras persas, o oráculo de Delfos ordenou aos atenienses que encontrassem o túmulo de Teseu na ilha de Skyros, onde ele havia sido morto, e que trouxessem seus ossos de volta para Atenas. As instruções do oráculo foram obedecidas. Em 469 a.C., os supostos restos mortais de Theseus foram levados de volta a Atenas. O túmulo do grande herói tornou-se um lugar de refúgio para o povo pobre e oprimido da cidade.

Questões de pesquisa

---

1. Há deuses gregos, semideuses e heróis que ainda hoje são adorados?
2. Quais eram alguns símbolos que os antigos gregos associavam com seus deuses e deusas principais?
3. O que os antigos gregos pensavam que causava desastres naturais como trovoadas e furacões?

Mulheres notáveis

Arachne

Uma tecelã hábil, transformada por Athena em uma aranha por sua blasfêmia

Arachne era uma mulher que era uma tecelã hábil. Ela ousava desafiar Atenas - as deusas do artesanato, como a tecelagem, assim como da guerra e da sabedoria - para um concurso de tecelagem.

Arachne era a filha de Idmon de Colophon em Lydia, um tintureiro que usava corante roxo. Na competição de tecelagem com Athena, Arachne teceu uma tapeçaria mostrando os casos de amor dos deuses. Atena produziu uma tapeçaria mostrando os deuses em toda sua majestade. Dependendo da história, a deusa ou estava enfurecida com a perfeição do trabalho de sua rival ou ofendida por seu tema.

Athena rasgou a tapeçaria de Arachne e, desesperada, Arachne se enforcou. Por pena, porém, a deusa soltou a corda, que se tornou uma teia de aranha, e Arachne se transformou em uma aranha.

Arachne significa "aranha" em grego, e a classe zoológica à qual as aranhas pertencem é chamada Arachnida. A história de Arachne é contada por Ovídio em suas Metamorfoses.

1. Quem foi a primeira olimpista feminina?
2. Qual foi a coisa mais legal que uma divindade fez porque era um deus/deusa?
3. Você conhece algum mito ou lenda de outras culturas que tenham deuses ou crenças semelhantes sobre a vida após a morte como a cultura grega?

Cassandra

Uma princesa de Tróia, que foi amaldiçoada para ver o futuro, mas nunca para ser acreditada

Cassandra era uma profetisa cujo destino era prever corretamente os eventos futuros, mas nunca ser ouvida ou acreditada. Ela era filha de Príamo, o último rei de Tróia, e sua esposa Hécuba.

O deus Apolo apaixonou-se por Cassandra e lhe ofereceu o dom de predizer o futuro em troca de seu amor. Cassandra concordou com o acordo e recebeu o presente de Apolo, mas depois se recusou a cumprir sua palavra.

Como retaliação, Apollo a amaldiçoou para que suas profecias nunca fossem acreditadas. De fato, ela profetizou corretamente eventos como a queda de sua própria cidade, Tróia, na Guerra de Tróia (a guerra relacionada na Ilíada de Homero) e a morte de Agamenón, mas ninguém a atendeu.

Depois que Tróia foi capturada pelos gregos, Cassandra tornou-se um dos despojos da guerra e foi tomada por Agamémnon. Ela foi assassinada com ele quando ele voltou para a Grécia.

1. Você acha que a mitologia deve ser oferecida no currículo escolar? Em caso afirmativo, para que faixas etárias?
2. Quem dos deuses e deusas gregos você acha que foi mais superestimado e subestimado?
3. Você acha que algum povo grego é mal compreendido ou subestimado? Por que você acha que sim?

Helen

Filha de Zeus e Leda, cujo sequestro provocou a Guerra de Tróia

De acordo com a lenda grega, Helena de Tróia era a mulher mais bela do mundo. Ela era a esposa de Menelau, rei de Esparta. Afrodite, a deusa do amor, prometeu-lhe a Paris, filho do rei Príamo de Tróia, para recompensar Paris por julgar Afrodite a mais bela das deusas.

Durante a ausência de Menelaus, Paris persuadiu Helena a fugir com ele para Tróia. Agamenón, irmão de Menelaus, liderou uma expedição contra Tróia para recuperar Helena.

Isto iniciou a Guerra de Tróia, na qual Paris foi morta. Quando os gregos finalmente capturaram Tróia, Menelaus levou Helena de volta a Esparta. O poeta grego Homero contou a história de Helena e da Guerra de Tróia em sua Ilíada.

1. Como os mitos e histórias gregas afetam suas opiniões sobre o mundo ao seu redor na sociedade de hoje?
2. Com qual desses deuses você está menos familiarizado e por que você acha que é difícil estar familiarizado com eles?
3. Explique em suas próprias palavras a diferença entre um deus e uma deusa - não apenas termos femininos para os termos masculinos, mas diferenças específicas.

Medea

Uma feiticeira e esposa de Jason, que matou seus próprios filhos para punir Jason por sua infidelidade

O poeta romano Ovídio, em suas Metamorfoses, levou a história de Medeia mais longe. Depois de fugir de Corinto, Medeia se torna a esposa de Aegeus. Mais tarde, ele a afasta após sua tentativa fracassada de envenenar seu filho, Theseus.

Medea foi uma feiticeira que ajudou Jason, líder de um grupo de heróis chamado Argonautas. Ela o ajudou a obter o Velo de Ouro (lã de carneiro dourado) de seu pai, o Rei Aeëtes de Colchis.

Medeia era uma deusa e tinha o dom da profecia. Ela se apaixonou por Jasão e usou seus poderes mágicos e conselhos para ajudá-lo a enganar seu pai e obter o velo. Em troca, Jasão casou-se com ela e a levou de volta para a Grécia com ele.

Vários autores antigos escreveram sobre a Medeia. A peça do dramaturgo grego Eurípedes, Medéia, retoma a história em uma etapa posterior. Jasão e Medéia já haviam fugido de Colchis com o velo. Eles haviam sido expulsos de Iolcos por causa da vingança de Medeia sobre o Rei Pelias de Iolcos (que havia enviado Jasão para ir buscar o velo).

A peça é ambientada durante a época em que Jason e Medea viviam em Corinto. Jason deserta Medeia para a filha do Rei Creonte de Corinto. Por vingança, Medeia assassina Creonte, sua filha e seus próprios dois filhos por Jasão e se refugia com o rei Aegeus de Atenas. O estadista e dramaturgo romano Sêneca baseou sua tragédia Medeia no drama de Eurípedes.

Medea é também a heroína de uma série de obras modernas. Estas incluem peças do dramaturgo austríaco do século XIX Franz Grillparzer e do dramaturgo francês do século XX Jean Anouilh.

O compositor italiano-francês Luigi Cherubini (1797) e o compositor francês Darius Milhaud (1939) também apresentaram Medeia em óperas. Os autores continuaram a utilizar temas encontrados no mito da Medéia no início do século 21.

Questões de pesquisa

---

1. Quem são alguns dos membros mais famosos da Grécia antiga?
2. O que você gostaria que os deuses gregos pudessem fazer para tornar sua vida um pouco mais fácil?
3. Você acha que os gregos antigos ficariam orgulhosos dos mitos ainda existentes hoje, se eles estivessem vivos?

Medusa
Uma mulher mortal transformada em uma horrível górgona por Athena

A Medusa era a mais famosa das figuras monstruosas conhecidas como Gorgons. Homero, o suposto autor da Ilíada e da Odisséia que floresceu no século IX ou VIII a.C., falou de um único Gorgon - um monstro do submundo.

O poeta grego mais recente Hesíodo, que viveu cerca de 700 bc, aumentou o número de Gorgons para três Stheno (o Poderoso), Euryale (o Extremo Springer), e Medusa (a Rainha) - e fez deles as filhas do deus do mar Phorcys e de sua irmã-esposa Ceto.

Na arte primitiva, os Gorgons eram geralmente representados como criaturas fêmeas aladas, cujas cabeças de cabelo eram na verdade cobras. Seus rostos eram grotescos e redondos, e suas línguas eram ronronadas. Em períodos posteriores, porém, Medusa-como os outros Gorgons- às vezes eram representados como muito bonitos, embora ainda muito mortíferos.

Medusa era o único dos Gorgons que era mortal. Ela foi morta por Perseu, que lhe cortou a cabeça. Do sangue que brotou de seu pescoço brotou

Chrysaor e Pegasus (o cavalo alado), seus dois filhos junto ao deus do mar Poseidon. A cabeça cortada era igualmente mortal e podia transformar qualquer um que olhasse para ela em pedra. Ela foi dada a Atena, que a colocou em seu escudo. De acordo com outro relato, porém, Perseu enterrou a cabeça no mercado de Argos.

Heracles (Hércules) teria obtido uma mecha de cabelo da Medusa (que possuía os mesmos poderes que a cabeça) de Athena. Ele a deu a Sterope, a filha de Cefeu, como proteção para a cidade de Tegea contra o ataque. Quando exposta à vista, a fechadura deveria provocar uma tempestade, que provocou a fuga do inimigo.

Questões de pesquisa

---

1. Por que ainda estamos falando de deuses gregos quando eles não estão mais encarregados de desastres naturais?
2. Deve haver uma reencarnação desses velhos deuses para garantir que as coisas aconteçam corretamente?
3. Quais são seus pensamentos sobre as mulheres da Grécia antiga?

Pandora
A primeira mulher na Terra

Na mitologia grega, Pandora foi a primeira mulher na Terra. Quando chegou a hora de povoar a Terra, os deuses delegaram a tarefa a Prometeu e seu irmão Epimeteus. Epimeteus (cujo nome significa "após pensamento" ou "retrospectiva") começou com os animais, aos quais ele deu todos os melhores presentes - força e velocidade, astúcia, e a proteção de peles e penas.

Demasiado tarde, Epimetheus percebeu que não havia mais qualidade para fazer da humanidade um adversário à altura dos animais. Depois que Prometeu ("previsão") roubou o fogo do céu e o entregou aos mortais, um zangado Zeus determinado a contra-atacar esta bênção.

Zeus ordenou a Hefesto que moldasse uma mulher de barro e a adornou com presentes de todos os deuses. Afrodite deu-lhe beleza, persuasão de Hermes e habilidade de Atena no trabalho com agulhas. Ela foi chamada Pandora ("todos os presentes").

O antigo poeta grego Hesíodo, em suas Obras e Dias, disse que Zeus a enviou à Terra. Lá Epimeteus casou com ela, apesar de um aviso de seu irmão Prometeu para não aceitar presentes de Zeus.

Pandora encontrou ou trouxe com ela um misterioso frasco. Epimetheus ordenou a Pandora que nunca a abrisse. Secretamente, no entanto, Pandora retirou a tampa. Todos os males e males humanos voaram para fora e cobriram o mundo. Só a esperança foi apanhada dentro do frasco.

De acordo com algumas versões modernas do mito, Pandora recebeu uma caixa, não um frasco, mas estes resultaram ou de uma má tradução do grego ou de uma confusão com um mito diferente.

---

1. Qual é seu mito favorito envolvendo um deus ou uma deusa grega e uma mulher que você conhece?
2. Você tem uma pessoa grega famosa como modelo ou ídolo, e se sim, quem são eles e quais são suas realizações?

Polyxena

A filha mais nova do rei de Tróia, sacrificada ao fantasma de Aquiles

Polyxena era uma filha de Prião, rei de Tróia, e sua esposa, Hecuba. Após a queda de Tróia, ela foi reivindicada pelo fantasma de Aquiles, o maior dos guerreiros gregos, como sua parte dos despojos e, portanto, foi morta em sua tumba.

Nos tempos pós-clássicos a história era elaborada; dizia-se que uma paz tinha sido arranjada e que Aquiles iria se casar com Polyxena, mas Paris atirou traiçoeiramente nele.

Questões de pesquisa

---

1. Quais são alguns de seus mitos gregos favoritos e como isso se relaciona com o fato de estarem na cultura pop atualmente?
2. Quais são seus pensamentos sobre Tróia, e você já leu sobre esta cidade antes?

Reis

Agamemnon
Um rei e comandante dos exércitos gregos durante a Guerra de Tróia

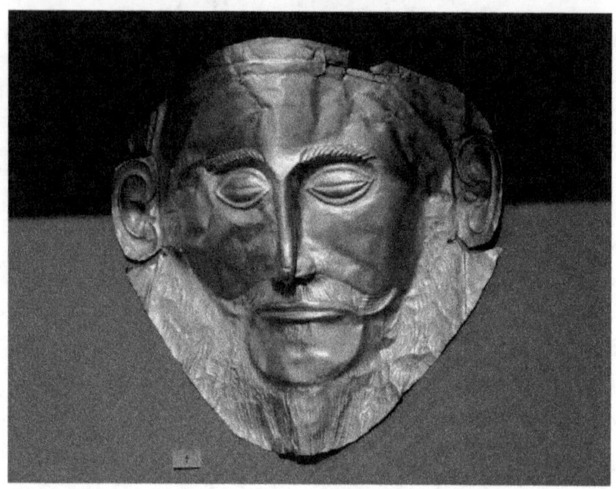

A maior parte do que é conhecido do antigo herói grego Agamenon é narrado na lenda homérica da Ilíada e nos dramas de Ésquilo. O filho de Atreo, que foi o rei de Micenas na Grécia, Agamenón foi provavelmente um personagem histórico, um rei que governou em Micenas ou em Argos durante a Guerra de Tróia. A partir dos contos míticos dos antigos gregos, no entanto, é impossível separar os fatos das lendas.

As histórias relatam que Agamenón era irmão de Menelaus, rei de Esparta, cuja esposa, Helena, foi levada para Tróia por Paris, príncipe daquela cidade na Ásia Menor. Este evento levou Agamenón a reunir o poder militar das cidades-estado gregas em uma guerra de vingança.

Após a longa guerra e a eventual destruição de Tróia, ele navegou para casa para sua esposa, Clytemnestra, e sua família. Ao chegar, ele foi assassinado por sua esposa ou por seu amante, Aegisthus.

Para vingar esta traição, o filho de Agamenón, Orestes, matou tanto Clytemnestra quanto Aegisthus. A história desta vingança e seu resultado é contada em três peças de Ésquilo-Agamenon, Choephoroi e Eumenides.

É também a base da trama na Electra de Sófocles e na Electra de Eurípedes.

Todos esses três dramaturgos viveram no século V bc. O dramaturgo americano do século 20 Eugene O'Neill escreveu uma adaptação da lenda de Agamemnon intitulada Mourning Becomes Electra.

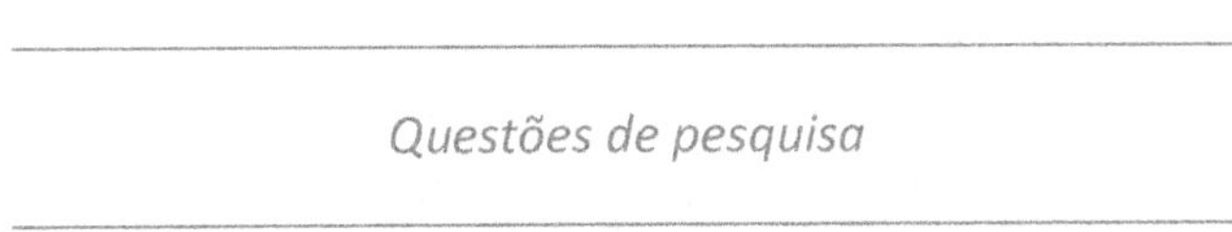

Questões de pesquisa

1. Quais são as características de um rei em particular que mais o intrigam?
2. Com qual rei antigo você está mais estreitamente associado através da maneira como eles lidavam com sua parcela de problemas na vida ou com os conflitos que enfrentavam?

Midas

Um rei da Frígia concedeu o poder de transformar qualquer coisa em ouro com um toque

Midas se tornou um símbolo de ganância tola. Uma vez ele fez um favor ao deus Dionísio, e Dionísio prometeu conceder-lhe tudo o que ele quisesse. De acordo com a história, Midas pediu que tudo o que ele tocou pudesse se transformar em ouro.

O pedido foi concedido, mas o rei logo se arrependeu quando descobriu que até mesmo sua comida se transformava em ouro. Ele teve que pedir a Dionísio que aceitasse o presente de volta.

Em outra ocasião, Midas julgou um concurso musical entre Pan e Apollo. Ele concedeu o prêmio ao Pan, e em vingança o Apollo lhe deu um par de orelhas de burro. Midas escondeu as orelhas do traseiro sob um boné, mas seu barbeiro descobriu o segredo. O barbeiro ansiava por contar, mas tinha medo do rei.

Finalmente, ele cavou um buraco no chão e sussurrou para dentro dele: "O rei Midas tem ouvidos de burro". Uma cana cresceu deste buraco, e quando o vento soprou a cana sussurrou o segredo para todos.

1. Você tem algum mito próprio favorito ou histórias que gosta de contar quando as pessoas perguntam sobre seus interesses e hobbies?
2. Quais são alguns eventos recentes onde as pessoas invocaram ou usaram a mitologia grega como parte de seus feitiços ou rituais mágicos ou o que você tem (uso futuro)?
3. Se sua formação na escola estivesse sendo um mauzão, que deus grego você gostaria de assumir como seu mentor?

Édipo

Um rei de Tebas destinado a matar seu pai e casar com sua mãe

Édipo era o nome de um rei de Tebas. No século XIX, seu nome foi usado para um complexo psicológico envolvendo desejos reprimidos. O complexo de Édipo, baseado na vida daquela figura trágica, é uma teoria psicanalítica introduzida por Sigmund Freud em seu livro Interpretação dos Sonhos, publicado em 1899.

A teoria afirma que os indivíduos têm um desejo reprimido de envolvimento sexual com o pai do sexo oposto, enquanto sentem rivalidade com o pai do mesmo sexo.

Segundo a lenda antiga, Caio, rei de Tebas e pai de Édipo, aprendeu com um oráculo que seu próprio filho o mataria. Ele, portanto, furou e amarrou os pés do recém-nascido e o deixou para morrer no Monte Cithaeron. Mas um pastor bondoso encontrou a criança e lhe deu o nome de Édipo, que significa "pé inchado".

A criança foi trazida ao rei de Corinto, que o criou como seu filho. Quando Édipo cresceu, um oráculo lhe disse que ele deveria matar seu pai e se casar com sua própria mãe. Para escapar deste destino, ele saiu de casa, pois acreditava que o rei de Corinto era seu pai.

A caminho de Tebas, ele encontrou Laius, discutiu com ele e o matou. Por volta dessa época, uma terrível Esfinge apareceu perto de Tebas. Este monstro perguntou um enigma a todos os que passaram e os forçou a adivinhá-lo ou a ser devorado. Os Thebans ofereceram o trono e a mão da rainha Jocasta a quem respondesse corretamente ao enigma do monstro.

"Que animal", perguntou a Esfinge quando Édipo a confrontou, "anda em quatro patas pela manhã, em duas ao meio-dia, e em três à noite"? Édipo respondeu rapidamente: "O homem, pois de manhã, a infância de sua vida, ele se arrasta de quatro em quatro; ao meio-dia, em seu auge, ele caminha sobre dois pés; e, quando a escuridão da velhice se apodera dele, ele usa um bastão para melhor apoiar como um terceiro pé". A esfinge se precipitou sobre o precipício rochoso e pereceu.

Édipo tornou-se rei e foi casado com sua mãe, Jocasta. Logo o país foi devastado por uma terrível praga. O oráculo prometeu alívio quando o assassino de Laius deveria ser banido. Édipo soube então o que havia feito.

Com horror, Édipo estendeu seus olhos, enquanto sua mãe se enforcou. Cego e desamparado, Édipo se afastou com sua fiel filha Antígona. Ela cuidou dele até sua morte. O dramaturgo grego Sófocles contou a história de Édipo e seus filhos na grande trilogia de Édipo Rex, Édipo em Colonus, e Antígona.

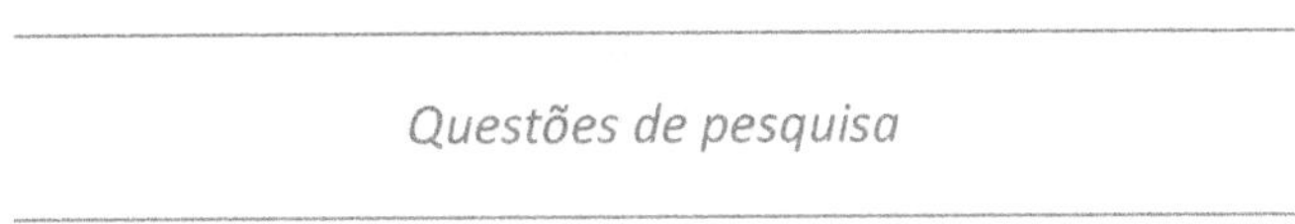

Questões de pesquisa

1. O que é um mito que parece interessante ou divertido, mas que acaba não sendo verdade?
2. O que você acha de Édipo e sua história?

Sísifus

Um rei que tentou enganar a morte

Sísifo era um astuto rei de Corinto. Após sua morte, ele foi condenado no submundo a enrolar uma pedra sem fim pela colina acima. Sempre que a pedra chegava ao topo, ela rolava novamente para baixo, para que Sísifus nunca mais pudesse terminar sua tarefa.

O poeta Homero descreveu o destino de Sísifus na Odisséia. Lendas gregas posteriores contaram por que Sísifo foi castigado: ele enganou duas vezes a Morte. Quando a Morte veio buscar o rei manhoso, Sísifus o acorrentou para que ninguém pudesse morrer.

O deus da guerra Ares acabou salvando a Morte, e Sísifo morreu e foi para o submundo. Ele havia dito a sua esposa para não enterrá-lo, no entanto, nem para fazer nenhum dos sacrifícios necessários aos deuses.

Como resultado, Sísifo teve que ser autorizado a voltar aos vivos para punir sua esposa por suas graves omissões. Ele voltou para casa, viveu até uma idade madura pela segunda vez, e finalmente morreu novamente, para começar seu castigo eterno.

Sísifo era uma figura muito popular de um trapaceiro ou mestre ladrão no folclore grego antigo. No século 20, a história de seus trabalhos infrutíferos no submundo inspirou o Mito de Sísifo de Albert Camus: Ensaio sobre o Absurdo (1942), que é uma obra clássica da literatura existencialista.

1. Quais são seus pensamentos sobre Sísifo e seu castigo?
2. Você pode admirá-lo por sua coragem?

Seu Presente

Você tem um livro em suas mãos.

Não é um livro qualquer, é um livro de livros para a imprensa estudantil! Nós escrevemos sobre os heróis negros, a capacitação das mulheres, mitologia, filosofia, história, e outros assuntos interessantes!

Desde que você comprou um livro, queremos que você tenha outro de graça.

Tudo o que você precisa é um endereço de e-mail e a possibilidade de assinar nossa newsletter (o que significa que você pode cancelar a inscrição a qualquer momento).

Então, do que você está esperando? Inscreva-se hoje e reclame seu livro gratuito imediatamente! Tudo o que você precisa fazer é visitar o link abaixo e digitar seu endereço de e-mail. Você receberá o link para baixar a versão em PDF do livro imediatamente para que possa ser lido offline a qualquer momento.

E não se preocupe - não há taxas de captura ou escondidas; apenas um bom brinde à moda antiga de nós aqui na Student Press Books.

Visite este link agora mesmo e inscreva-se para receber seu exemplar gratuito de um de nossos livros!

Link: https://campsite.bio/studentpressbooks

Livros

Nossos livros estão disponíveis em todos os principais revendedores de livros on-line. Confira os pacotes digitais de nossos livros aqui: https://payhip.com/studentPressBooksPTBR

A série de livros História da Negritude

Bem-vindo à série de livros História da Negritude. Conheça negros que são exemplos de conduta com estas biografias inspiradoras sobre negros inovadores da América, África e Europa. Todos nós sabemos que a História da Negritude é importante, mas pode ser difícil encontrar boas fontes.

Muitos de nós estamos familiarizados com uma desconfiança habitual em relação aos livros de cultura e história que apenas apresentam personagens muito populares, mas estes livros também apresentam heróis negros menos conhecidos e heroínas do mundo inteiro cujas histórias merecem ser contadas. Estes livros de biografia o ajudarão a entender melhor como o sofrimento e as ações das pessoas moldaram seus países e comunidades para gerações futuras.

Títulos disponíveis:

1. 21 Heróis Negros Inspiradores: A vida de Realizadores Importantes do século 20: Martin Luther King Jr., Malcolm X, Bob Marley & Outros
2. 21 Heroínas Negras Excepcionais: História de Negras Importantes do Século 20: Daisy Bates, Maya Angelou & Outras

A série de livros Empoderamento Feminino.

Bem-vindo à série de livros Empoderamento Feminino. Aprenda sobre modelos femininos destemidos dos tempos modernos com estas biografias inspiradoras de homens e mulheres inovadoras do mundo inteiro. O empoderamento feminino é um tópico importante que merece mais atenção do que recebe. Durante séculos foi dito às mulheres que seu lugar é no lar, mas isto nunca foi verdade para todas as mulheres ou mesmo para a maioria delas.

As mulheres ainda estão sub representadas nos livros de história e as que
são apresentadas tendem a ser relegadas a algumas páginas. No entanto,
a história está repleta de histórias de mulheres fortes, inteligentes e
independentes que superaram obstáculos e mudaram o curso da história
simplesmente porque queriam viver suas próprias vidas.

Estes livros biográficos o inspirarão enquanto também ensinam lições
valiosas sobre perseverança e superação de adversidades! Aprenda com
estes exemplos que tudo é possível se você trabalhar duro o suficiente
para isso!

Títulos disponíveis:

1. 21 Mulheres Excepcionais: A vida de Lutadores pela Liberdade e
   Rompedoras de Barreiras: Angela Davis, Marie Curie, Jane Goodall
   & Outras
2. 21 Mulheres Inspiradoras: A Vida de Mulheres Corajosas e
   Influentes do Século 20: Kamala Harris, Madre Teresa & Mais
3. 21 Mulheres Fantásticas: A Vida Inspiradora de Artistas Criativas
   do Século 20: Madonna, Yayoi Kusama & Mais
4. 21 Mulheres Incríveis: As Vidas Influentes de Mulheres Ousadas
   na Ciência do Século 20

A série de livros dos Líderes Mundiais.

Bem-vindo à série de livros dos Líderes Mundiais. Descubra os modelos de
conduta reais e presidenciais do Reino Unido, EUA e outros países. Com
estas biografias inspiradoras sobre as famílias reais, presidentes e chefes
de estado você aprenderá sobre as pessoas corajosas que ousaram
liderar, incluindo citações, fotos e fatos raros.

As pessoas são fascinadas pela história e pela política e por aqueles que a
moldaram. Estes livros apresentam novas perspectivas sobre a vida de
figuras notáveis. Esta série é perfeita para qualquer um que queira
aprender mais sobre os grandes líderes de nosso mundo; jovens leitores
ambiciosos e adultos que gostam de ler sobre pessoas interessantes.

Títulos disponíveis:

1. Os 11 Membros da Realeza Britânica: A Biografia da Casa de Windsor: Rainha Elizabeth II e Príncipe Philip, Harry e Meghan, e Outros
2. Os 46 Presidentes dos Estados Unidos: Suas Histórias, Conquistas e Legados: De George Washington a Joe Biden
3. Os 46 Presidentes dos Estados Unidos: Suas Histórias, Conquistas e Legados - Edição Estendida

A série de livros de Mitologia Cativante.

Bem-vindo à série de livros de Mitologia Cativante. Conheça os Deuses e Deusas do Egito e da Grécia, as divindades nórdicas e outras criaturas mitológicas.

Quem são estes antigos deuses e deusas? O que sabemos sobre eles? Quem realmente eram? Por que as pessoas os adoravam nos tempos antigos e de onde vinham esses deuses?

Estes livros apresentam novas perspectivas sobre os deuses antigos que inspirarão os leitores a compreender seu lugar na sociedade e aprender sobre a história. Estes livros de mitologia também abordam tópicos que a influenciaram a religião, literatura e arte, através de um formato envolvente com fotos ou ilustrações atraentes.

Títulos disponíveis:

1. Egito Antigo: Um Guia para os Misteriosos Deuses e Deusas Egípcias: Amun-Ra, Osiris, Anubis, Horus & Outros
2. Grécia Antiga: Um Guia dos Deuses Gregos Clássicos, Deusas, Deidades, Titãs e Heróis: Zeus, Poseidon, Apollo & Outros
3. Antigos Contos Nórdicos: Descubra os Deuses, Deusas e Gigantes dos Vikings: Odin, Loki, Thor, Freya & Outros

A série de livros de Teoria Simples.

Bem-vindo à série de livros Teoria Simples. Conheça a Filosofia, as ideias de filósofos antigos e outras teorias interessantes. Estes livros apresentam as biografias e ideias dos filósofos mais populares de lugares como a Grécia antiga e a China.

A filosofia é um assunto complexo e muitas pessoas lutam para entender até mesmo o básico dela. Estes livros são projetados para ajudá-lo a aprender mais sobre filosofia e são originais por causa de sua abordagem simples. Nunca foi tão fácil ou mais divertido obter uma maior compreensão da filosofia do que com estes livros. Além disso, cada livro também inclui perguntas para que você possa se aprofundar em seus próprios pensamentos e opiniões!

Títulos disponíveis:

1. Filosofia Grega: As Vidas e Ideias dos Filósofos da Grécia Antiga : Sócrates, Platão, Pitágoras e outros
2. Ética e Moralidade: Filosofia Moral, Bioética, Desafios Médicos e Filósofos Afins

A série de livros "Empoderamento de Jovens Empreendedores".

Bem-vindo à série de livros "Empoderamento de Jovens Empreendedores". Nunca é cedo demais para jovens ambiciosos iniciarem suas carreiras! Quer você seja um indivíduo de espírito empresarial tentando construir seu próprio império, quer seja um aspirante a empresário começando um longo e sinuoso caminho, estes livros o inspirarão com as histórias de empresários de sucesso.

Aprenda sobre suas vidas e seus fracassos e sucessos que farão você querer ter o controle de sua vida em vez de simplesmente vivê-la!

Títulos disponíveis:

1. 21 Empreendedores Bem-sucedidos: As vidas de realizadores importantes do século 20: Elon Musk, Steve Jobs e Outros
2. 21 Empreendedores Revolucionários: As vidas de empresários incríveis do século 19: Henry Ford, Thomas Edison e outros

A série de livros História Fácil.

Bem-vindo à série de livros História Fácil. Explore vários assuntos históricos desde a idade da pedra até os tempos modernos, mais as ideias e pessoas influentes que viveram ao longo dos tempos.

Estes livros são uma ótima maneira de entusiasmá-lo com a história. As pessoas são muitas vezes desligadas de livros com textos secos e chatos, mas elas adoram histórias de pessoas comuns que fizeram a diferença no mundo. Estes livros lhe dão essa oportunidade enquanto ainda lhe dão informações históricas importantes.

Títulos disponíveis:

1. Primeira Guerra Mundial: A Primeira Guerra Mundial, suas Grandes Batalhas e o Povo e as Forças Envolvidas
2. Segunda Guerra Mundial: A História da Segunda Guerra Mundial, Hitler, Mussolini, Churchill e outros personagens-chave envolvidos
3. O Holocausto: Os nazistas, a Ascensão do antissemitismo, Kristallnacht e os Campos de Concentração Auschwitz & Bergen-Belsen
4. A Revolução Francesa: O Antigo Regime, Napoleão Bonaparte, e as Guerras Revolucionária Francesa, Napoleônica e de Vendée

Nossos livros estão disponíveis em todos os principais revendedores de livros on-line. Confira os pacotes digitais de nossos livros aqui: https://payhip.com/studentPressBooksPTBR

Conclusão

Você acabou de aprender sobre os deuses e deusas da Grécia Antiga. Esperamos que tenham gostado deste livro!

Você pode começar a notar alguns padrões nas histórias e personagens que você encontrou. Seria uma boa ideia marcar estas páginas para que você possa referenciá-las mais tarde se você precisar. Para que você se concentre em todos esses contos estranhos, recomendamos reler nosso livro pelo menos mais uma vez porque tenho certeza que ainda haverá muito mais para compartilharmos com você!

Quando se trata de deuses, há muitas perspectivas diferentes sobre o que eles são ou como devemos adorá-los. As divindades gregas existem há milhares de anos, com suas histórias sendo contadas por escritores e artistas há séculos. É por isso que algumas destas histórias podem ser tão estranhas - mas também nos fazem rir às vezes!

Você já leu este conteúdo educacional? O que você achou? Deixe sua opinião fazendo uma bela resenha deste livro!

Nós amaríamos isso, então, não se esqueça de escrever uma!